Das chinesische Kochbuch

Besuchen Sie uns im Internet: www.komet-verlag.de

© 2002 Komet Verlag GmbH, Köln
Idee/Konzept/Design/Inhalt: agilmedien, Köln
Umschlaggestaltung: Peter Mebus für agilmedien, Köln
Satz: Gottfried Assan, Petra Knorr, Peter Mebus für agilmedien, Köln
Foodfotos: Paul LeClaire, Köln; Landschaftsfotos: Karin Euler-Schulze, Köln
Texte: Dr. Michael Vonau/Jing Zhao
Gesamtherstellung: Komet Verlag GmbH, Köln
ISBN 3-89836-306-6

Das chinesische Kochbuch

KOMET

Inhalt

Inhalt

China – Genuss im Land des Drachen 12

Ohne Reis kein Preis – Ein Korn ernährt die Welt 14

Vom göttlichen Bauern zum politischen Koch – Die kulinarische
Geschichte Chinas 16

Von Wein bis Moutai – China und der Alkohol 20

Nebelschwaden und sanfter Wind – Die Teekultur Chinas 22

Das Frühjahrsfest – Speisen mit Geistern 24

Austernsoße, Wok und Bambuskorb – Tipps und Tricks
der chinesischen Küche 26

Dim Sum – Vorspeisen

Hähnchenbrust auf Gurkensalat 32
Aubergine mit Sesamsoße 33
Sellerie mit Krabben 33
Spinat mit Glasnudeln 34
Gurken mit Erdnüssen 35
Gegrillte Schälrippchen 35
Schweinefleischklößchen 36
Frittierte Sesambällchen 37
Rettich-Kuchen 38
Knusprige Krabben-Bällchen 39
Frühlingsrolle 40
Frittierte Kokosnussschnitten 42
Huhn in Salatblättern 44
Schweinefleisch-Reis-Bällchen 46
Frittierter Chinakohl 47

Suppen

Feine Hühnerbrühe 50
Schweinefleischklößchensuppe mit Chinakohl 51
Maissuppe mit Eierflöckchen 52
Wantan-Suppe 53
Scharf-saure Suppe mit Schwein und Tofu 55
Hühnchen im Yunnan-Dampftopf 56
Tofu-Erbsen-Suppe 58
Heilbuttbrühe mit Tofu und Schweinefleisch 59
Karpfensuppe mit Rettich 60
Ingwer-Suppe mit Morcheln und Schweinefleisch 61

Fische & Meeresfrüchte

Sautierte Makrele 66
Gebratenes Heilbutt-Filet 68
Fischfilet süß-sauer 69
Karpfen süß-sauer 70
Gedämpfte Forelle mit schwarzen Bohnen und Knoblauch 71
Scholle in Weinsoße 72
Karpfen in Mandarinensoße 73
Gebratene Krabben in Tomatensoße 75
Gebratener Tintenfisch aus Sezuan 76
Garnelen mit Gurken und Baumpilzen 78

Fleisch- & Geflügelgerichte

Mongolischer Feuertopf (Lammfondue) 82
Geschnetzeltes vom Lammfilet mit Frühlingszwiebeln 84
Gebratenes Rinderfilet mit Mango 85
Rinderragout mit Knoblauch 86
Rindfleisch mit Mandarinensoße 88
Rindfleisch mit grünem Paprika und Schwarze-Bohnen-Soße 89
Schweinefleisch süß-sauer 90
Doppelt gekochtes Schweinefleisch 91
Gegrilltes Honigschweinefleisch aus Kanton 92
Schweinehackfleisch mit Glasnudeln 94
Glasierte Schweinshaxe mit Ingwer 95
Gebratenes Hähnchenfleisch mit Zuckerschoten 96
Hähnchenstreifen in Schwarze-Bohnen-Soße 97
Brathähnchen in Sojasoße 99
Hähnchen & Krabben mit Zuckerschoten 100
Gebratene Hühnchenleber 101
Huhn mit Erdnüssen 102
Knusprige Ente aus Sezuan 104
Pekingente 106

Gemüse mit Fleisch oder Fisch

Gebratener Bambus mit Krabben und Schweinefleisch 110

Karotten mit Schweinefleisch 111

Kürbis gefüllt mit Lammhackfleisch 111

Paprika mit Schweinefleischfüllung 112

Gebratener Chinakohl mit getrockneten Krabben 113

Auberginen mit Hackfleisch 114

Vegetarische Gerichte & Salate

Krautsalat mit Ingwer 118

Seetang-Rettich-Salat 119

Frittierter Blumenkohl 119

Gebratenes Mischgemüse 120

Gemüsecurry 121

Karotten, Kartoffeln, Paprika & Champignons 122

Aubergine mit Morcheln 123

Gebratene Mehlklößchen mit Pilzen 124

Gebratene Sojasprossen 126

Spinat mit Tofu 126

Gebratener Tofu mit Frühlingszwiebeln 127

Frühlingszwiebelkuchen 128

Reis, Nudeln & Klöße

Grundrezept Langkornreis 132
Gebratener Reis 132
Gebratener Reis mit Krabben, Schinken & Erbsen 133
Gebratener Reis mit Rindfleisch 135
Reis mit Huhn und Shiitake-Pilzen 136
Yin-Yang-Reis 138
Gefüllte Hefeklöße aus Nordchina 140
Nudeltäschchen aus Nordchina 142
Lotusblätter-Klößchen 144
Mehlklößchen 145
Braune Nudeln mit Schweinefleisch 146
Nudeln mit Ingwer und Frühlingszwiebeln 147
Grüne Bohnen mit breiten Bandnudeln 148
Knusprige Nudeln mit Gemüse 149

Süße Speisen

Mandarin-Pfannkuchen 154
Pfannkuchen mit Dattel-Paste 155
Pfannkuchen mit süßer Rote-Bohnen Paste 157
Reispudding 158
Mandelpudding-Schnitten 160
Frittierte Äpfel mit Zucker 160

Soßen, Dipps & Pasten

Süße Rote-Bohnen-Paste 164
Pflaumensoße 164
Süß-saure Soße 165
Entensoße 165
Scharfe Erdnusssoße 166
Sesamsoße 166
Scharfes Chiliöl 167
Pfefferöl 167

China –
Genuss im Zeichen des Drachen

„Ni chi fan le ma?" – Begegnen sich in China zwei Bekannte, so gilt die erste Frage dem Magen: „Hast du heute schon gegessen?" Nur unkundige Touristen antworten mit einer langen Aufzählung von verspeisten Köstlichkeiten auf diese Fragen: Sie ist, wie das englische „How do you do?", eine reine Grußfloskel, die keine Antwort fordert. Aber sie verrät im Grunde alles über die Einstellung der Chinesen zum Essen: Es gibt nichts Wichtigeres und das seit Anbeginn der chinesischen Zeitrechnung vor über 4700 Jahren. Kaiser und Dichter, Mönche und Bauern und das Volk der Chinesen haben die Zubereitung von alltäglichen und festlichen Speisen in einem so hohen Maß kultiviert, dass es dem Außenstehenden Angst und Bange wird bei dem Gedanken, eine Pekingente fachgerecht zerteilen oder eine Jiao zi kunstvoll falten zu müssen.

Beruhigend ist es zu wissen, dass chinesische Meisterköche nicht vom Himmel fallen, sondern oft eine langjährige Dienstzeit voller Hilfstätigkeiten im Gefolge eines anerkannten Chefkochs hinter sich bringen müssen: Wer sich auf Fleisch oder Gemüse spezialisiert, muss erst einmal die ‚rote Arbeits-bank' drücken. Hier wird die komplizierte Zerteilung von Fleisch und Geflügel, die kunstvolle Zerkleinerung von Gemüse erlernt, von dekorativen Schnitzarbeiten einmal ganz zu schweigen. Wählt der angehende Koch die ‚weiße Arbeitsbank', so wird er in die Künste der Teigzubereitung einge-weiht, von den einfachen Zubereitungsarten bis hin zum spektakulären ‚Nudelschleudern', der Her-stellung von feinsten Teignudeln allein mithilfe der Hände.

Dieses Kochbuch präsentiert über 100 Rezepte der traditionellen chinesischen Küche. Es lädt ein zu einem faszinierenden kulinarischem Streifzug durch das Reich der Mitte und demonstriert die Vielfalt der einzelnen Küchen von der sibirischen Grenze im Norden bis zu den Küsten des Südchinesischen Meeres anhand ausgewählter Spezialitäten. Wer gutes Essen zu schätzen weiß und Lust auf neue Gaumenfreuden hat, der wird sich an den vielen Köstlichkeiten, die wir für Sie zusammengetragen haben, gewiss erfreuen.

Ohne Reis kein Preis – Ein Korn ernährt die Welt

Reis ernährt mehr Menschen als jedes andere Getreide der Welt. In Asien ist er Hauptnahrungsmittel von Milliarden Menschen. Der Reisanbau hat eine lange Tradition. Bereits in prähistorischer Zeit stand Wildreis auf dem Speisezettel der steinzeitlichen Jäger und Sammler auf dem asiatischen Kontinent.

Gilt Reis in fast allen asiatischen Schöpfungslegenden als Göttergabe, so verblüfft die chinesische Version durch ihre Schlichtheit: Die Menschen litten unter der unentwegt wiederkehrenden Verwüstung durch Überschwemmungen. Jedes Mal, wenn die Fluten sich zurückzogen, und die Menschen von den Bergen zurück in ihre Dörfer kamen, waren alle Pflanzen vernichtet und es herrschte großer Hunger. Einzig die Jagd auf wilde Tiere brachte Essen auf den Tisch, doch war dies eine gefährliche Art sich zu

ernähren. Eines Tages sahen die Menschen einen Hund übers Feld laufen. An seinem Schwanz hingen Bündel von langen, gelben Samen. Die Menschen pflanzten diese Samen, der Reis gedieh und niemand musste mehr Hunger leiden. Bis heute ist man in China der Überzeugung, dass die wertvollsten Besitztümer nicht Perlen oder Jade seien, sondern die fünf verschiedenen Getreidekörner.

Auch wenn sich die Herkunft des Reisanbaus historisch nicht genau bestimmen lässt, so trägt die chinesische Ursprungslegende vom Reisanbau Züge der Entwicklungsgeschichte des Menschen: Sie beschreibt den Weg vom Jäger und Sammler zum sesshaften Bauern. Frühe Siedlungen waren zwar häufig auf Hügeln zu finden, doch die Nähe von Seen oder Flüssen war überlebensnotwendig – stillten diese doch neben

dem Wasserbedarf mit ihrem Fischreichtum auch den Hunger der Bevölkerung. Ein nächster Schritt, die Bewirtschaftung von Gärten und kleinen Feldern im nahen Umfeld der frühen Siedlungenlungen, brachte wahrscheinlich auch das Reiskorn auf den Speise- und Anbauplan.

Das Korat-Plateau im Norden Thailands könnte ein frühe Geburtsstätte des Reisanbaus gewesen sein. Archäologische Funde weisen den landwirtschaftlichen Anbau bereits in der ausgehenden Jungsteinzeit (ca. 4500 v. Chr.) im Jangtse-Becken nach. Vergleichbare Hochkulturen des Orients und Afrikas hingegen, die Ägypter oder Babylonier, wissen zu dieser Zeit von Reis noch nichts zu berichten.

Die Kultivierung des Anbaus ging auf alle Fälle von China aus: Hier setzte man schon früh auf Bepflanzung mit Setzlingen oder das fachgerechte Bewässern und Einfrieden der Felder. Neben der ursprünglichen Hochland-Anbauform aus Thailand, entwickelte sich in China die Bewirtschaftung von Feuchtgebieten entlang der großen Flüsse. Von dort kam die Technik des Reisanbaus 2. Jahrtausend v. Chr. auf die Philippinen, um 1500 v. Chr. nach Indonesien, 1000 v. Chr. nach Sri Lanka, im 4. Jahrhundert v. Chr. durch Alexander den Großen in den Mittelmeerraum, und für Japan ist der Reisanbau um das Jahr 100 v. Chr. nachweisbar.

Von Zentren in Griechenland und Sizilien ausgehend, breitete sich der Reisanbau im südeuropäischen Mittelmeerraum aus. Erst die medizinisch begründeten Trockenlegungsprogramme des 16. und 17. Jahrhunderts begrenzten den Reisanbau in Europa stark. Es galt die Malaria auszurotten, wobei man von einer Krankheitsentstehung durch „schlechte Ausdünstungen" ausging, die den feuchten Anbaugebieten entströmen sollten. War die zeitgenössische Erklärung für Malaria auch falsch, – es war nicht die schlechte Luft, französisch „mal air", Schuld am schleichenden Fiebertod – die Austrocknung weiter Feuchtgebiete führte dennoch zu einer ursächlichen Verminderung der Krankheit, nahm man doch den krankheitsübertragenden Stechmücken die Brutgebiete.

Die südöstlichen Landesteile Chinas bieten mit ihrem subtropischen Klima ideale Vorraussetzungen für den Reisanbau, das weiße Korn ist Hauptnahrungsmittel. Obwohl das bevölkerungsreichste Land der Welt mit etwa 190 Millionen Tonnen ein gutes Drittel der Weltreisproduktion leistet, exportiert China nur etwa 1% seiner Erträge ins Ausland. Der Rest bleibt im Land und ernährt die wachsende Bevölkerung: 14 Millionen Menschen stoßen pro Jahr zu der 1,4 Milliarden zählenden Bevölkerung Chinas. Vor diesem Hintergrund ist die geringe Ausfuhr des kostbaren Korns verständlich.

Vom göttlichen Bauern
zum politischen Koch –
Die kulinarische Geschichte Chinas

Am Beginn der chinesischen Kochgeschichte steht der Legende nach Shennong, der göttliche Bauer, Urvater der Zivilisation. Er lehrte die Menschen, die fünf ältesten Getreidesorten anzubauen. Ebenfalls Legende, wenn auch in historischer Zeit angesiedelt, ist die Geschichte von Kaiser Tang, dem Gründer der Shang-Dynastie (1700-1100 v. Chr.). Dieser ernannte Yi Yin, einen berühmten Koch, zu seinem Premierminister. Seit dieser Zeit ist Kochen und Politik in China eng verbunden: „Eine Suppe würzen" („tiao geng") bedeutet auch „Minister sein". In der chinesischen Mythologie markiert das Kochen den Übergang von der Barbarei zur Zivilisation. Eine Geschichte der Zhou-Dynastie (1066-771 v. Chr.) zeigt, dass etwa 2000 Personen, immerhin die Hälfte des kaiserlichen Personals, mit Kochen beschäftigt waren. Im 3. Jahrhundert v. Chr. erschien mit „Lyshi chunqiu" ein Werk, dass Yi Yin nicht nur als gewandten Politiker, sondern auch als Gründer der Kochlehre würdigt. Yi Yin teilte die Nahrungsmittel nach ihrer Herkunft und Beschaffenheit ein. Er verkündete, dass rohe Lebensmittel, egal ob Fisch, Fleisch oder pflanzliche Nahrung, einen von Natur aus unerträglichen Geruch hätten. Zur Abhilfe stellte er die Lehre von den 5 Geschmacksrichtungen und den drei Kochelementen auf: Wasser, Feuer und Holz sollten helfen, der unzulänglichen Natur mittels der Kochkunst auf den Leib zu rücken. Ziel war eine ausgewogene Verbindung von Säure, Schärfe, Süße, Salz und bitterem Geschmack. Die Ergebnisse dieser hohen Kunst waren für die chinesische Küche nicht nur schmackhaft, sondern auch

gesund – die Überwindung der wilden Geschmacksnatur ist nicht nur eine zivilisatorische, sondern auch eine medizinische Meisterleistung. So bleibt bis heute eine Ernährungsumstellung der erste Schritt einer medizinischen Therapie. Medikamente werden erst verschrieben, wenn das Essen versagt.

Für den größten chinesischen Philosophen, Konfuzius, stand fest, dass etwas Reis, gewaschen mit Wasser, alles ist, was man zum Glück braucht. Konfuzius liebte Reis zwar auch mit köstlichen Beilagen, auch einem guten Wein war er nie abgeneigt, wichtig war ihm aber, dass die Reismenge nie von der Menge der Beilagen überstiegen werden durfte. Wenn die letzten Jahrzehnte den Fleischverbrauch in China auch in die Höhe schnellen ließen, 90% der Proteine beziehen die Chinesen auch heute noch aus pflanzlicher Nahrung.

Die bevorzugten Getreidesorten sind abhängig von Klima und Bodenqualität. Der Jangtse-Fluss bildet die ungefähre Grenze zwischen dem kalten Norden mit seinen Weizen- und Maisprodukten und dem subtropischen Süden, wo Reis den Speiseplan regiert. Neben dem Klima ist auch in China der Geldbeutel ausschlaggebend für die Ernährung. Gerade in ärmeren Regionen gibt es aufwändige Fleisch- oder Fischgerichte nur an seltenen Festtagen. Aus diesem Grund gelten reine Gemüse- und Getreidegerichte häufig als „Arme-Leute-Essen" und die Kunst ihrer Zubereitung wird man in den seltensten Fällen in Kochbüchern finden.

Der historisch gewachsene Gegensatz von Nord und Süd, – der Hauptsitz der Kaiserdynastien wechselte z. B. häufig zwischen Nanking (= südliche Hauptstadt) und Peking (= nördliche Hauptstadt) –, spiegelt sich auch in den Kochtraditionen der einzelnen Landesteile.

Im Norden bevorzugt man Brot, Kuchen, Weizennudeln und -klöße, Milchprodukte und Hammel – in früheren Zeiten die Lieblingsnahrung der Führungsschichten. Im Süden dominieren Reis, Schweinefleisch, Fisch und eine große Auswahl an Gemüsesorten. Der Schriftsteller Wang Shijing liefert uns folgende aus dem 16. Jahrhundert stammende Beschreibung: „Die Bewohner der südlichen Küsten essen Fisch und Krabben, bei deren Geruch es den Bewohnern des Nordens schlecht wird. Die Leute an den nördlichen Grenzen nehmen Milch und Joghurt zu sich, was wiederum den südlichen Bewohnern den Magen umdreht. Nörd-

lich des Gelben Flusses glauben die Menschen, dass Zwiebeln, Knoblauch und Schnittlauch ihnen gut tun, während sich die Leute südlich des Jangtse vor solch würzigem Geschmack ekeln."

Mit der Ausweitung des chinesischen Machtbereiches während der Herrschaft der Manchu-Dynastie (1644-1912) kamen weitere Regionalküchen hinzu, deren Einteilung bis heute Gültigkeit hat: Die nordchinesische Küche mit Peking als Zentrum, die ostchinesische aus der Gegend von Shanghai, im Westen die Küche von Sezuan, Yunnan und Hunan und im Süden die kantonesische Küche.

Frische Frühlingszwiebeln als obligatorische Beilage der Pekingente, Knoblauch, Essig und Lammfleisch – diese Zutaten charakterisieren die Küche des Nordens. Im Westen um Sezuan liebt man es am schärfsten und würzigsten: Chilischoten und Pfefferkörner in vielen Sorten,

Sesamöl und eine Paste aus fermentierten Bohnen geben hier den Grundgeschmack an. Die fruchtbaren Felder am Unterlauf des Jangtse prägen die Vielfalt der westchinesischen Küche. Hier gibt es die fettesten Karpfen und die besten Krabben, dazu reichlich Reis. Gerichte werden hier möglichst schonend gegart, Ingwer und der bekannte „Shaoshing"-Reiswein (in diesem Kochbuch durch Sherry ersetzt) geben jedem Gericht die richtige Würze. Die Kunst der harmonischen Abstimmung von süß und sauer ist in der westchinesischen Küche am weitesten ausgeprägt. Die kantonesische Küche Südchinas besticht durch ihre Vielfalt: Gedünstet, gegrillt, mariniert oder im Ofen gebacken, ob Spanferkel oder Hummer, auf die feine Abstimmung der Zutaten mit den Gewürzen kommt es an. Hier blüht die hohe Kunst der chinesischen Küche. Neben diese großen Regionalküchen tritt die vegetarische Küche, „Su" genannt, als Erbe der buddhistischen Tradition Chinas.

Die Hochschätzung der guten Küche in China kann man auch aus den Nahrungsmitteln, die man schon früh zu importieren lernte, ableiten. Gute Verbindungen zu Zentralasien führten im 1. Jh. n. Chr. zu einer Bereicherung des an sich schon großen heimischen Angebots an Gemüse und Früchten: Gurken, Koriander, Erbsen, Sesam, Zwiebeln, Trauben und Paradiesäpfel fanden über die zentralasiatische Pforte den Weg in die Gärten und Kochtöpfe Chinas. Spinat kam im

frühen Mittelalter als exotische Kostbarkeit aus Persien dazu. Sobald die Neue Welt entdeckt war, brachten portugiesische Handelsschiffe Mais, Erdnüsse und Süßkartoffeln aus Mittelamerika nach China. Die größte Revolution stellte jedoch im 18. Jahrhundert die Chilischote dar, die in die Gewürztöpfe Süd- und besonders Westchinas Einzug hielt. Ein chinesisches Essen ohne Schärfe ist heutzutage unvorstellbar, aber die Bemerkung des Schriftstellers Wang Shijing aus dem 16. Jahrhundert, dem Südchinesen seien schon Zwiebel und Knoblauch zu scharf, deutet auf einen fundamentalen Geschmackswandel hin.

Fantasievoll waren die Köche Chinas nicht nur in der täglichen Frischzubereitung, sondern auch bei der Haltbarmachung von Lebensmitteln. Bereits aus dem 5. Jahrhundert v. Chr. liegen Rezepte zum Einmachen von Gemüse und zur Herstellung von schmackhaften „Fertigsoßen" vor. Die Geburtsstunde der Sojasoße – auch wenn diese erst um das Jahr 1000 erstmals namentlich erwähnt wird – war angebrochen! Ein zweites Kochbuch aus dem 6. Jahrhundert n. Chr. kennt bereits 20 Anleitungen zur Herstellung unterschiedlichster Essigsorten. Fertiggerichte wie eingelegtes Gemüse, Räucher- und Pökelfleisch, fermentierte Bohnenpasten und Soßen machen etwa die Hälfte dieses frühen Kochbuchs aus. Tofu taucht, wie die Sojasoße, das erste Mal um das Jahr 1000 in der Kochbuchliteratur auf.

Von Wein bis Moutai –
China und der Alkohol

Ein Lorbeerzweig verdeckt den Mond,
Fügt sich in die schönen Schleier.
Zehntausend Pfirsichbäume steh'n am Fluss
Im Regen, blühen rot.
Wenn auch jemand Wein ausschenkt,
Dann bist du nicht betrübt.
Seit alten Zeiten und bis heut'
Sind Zwillinge dir Sorg' und Freud'.

Yu Xuanji (842-872)

Entgegen aller landläufigen Vorstellungen von chinesischen Trinkgewohnheiten, hat das Land eine längere Tradition in der Herstellung von alkoholischen Getränken als in der Zubereitung von Tee. Lange bevor die Kunst der Destillation im 14. Jahrhundert den Weg zu hochprozentigen Genüssen ebnete, wurden alkoholische Getränke durch Vergärung von Getreide gewonnen. Der Volumenprozentgehalt dieser frühen Festbegleiter lag zwischen 10% und 15 %.

Die Herstellung von „jiu", so der Sammelbegriff für alkoholische Getränke, kennt sogar einen legendären Urvater: Du Kang, der ca. um das Jahr 1100 v. Chr. die lebenslustige Shang-Dynastie auf den Geschmack gebracht haben soll. Archäologische Funde gehen noch weiter; in Shandong wurden Tongefäße zur Lagerung von alkoholischen Getränken aus der späten Jungsteinzeit um 4000 v. Chr. gefunden. „Im 17. Jahrhundert" wurden 70 verschiedene Sorten von „jiu" gezählt, unter ihnen auch Traubenweinimporte aus dem zentralasiatischen Raum, eine Rarität zum exklusiven Gebrauch der politischen Elite. Auch heute sind Feste ohne alkoholische Getränke im chinesischen Gesellschaftsleben

nicht vorstellbar. Das Wort für Hochzeitsfeier zum Beispiel bedeutet „den Wein des Glücks trinken". Ein Glas auf das Glück des Brautpaares zu leeren ist fester Brauch, und schon die Zeremonienbücher aus vorchristlicher Zeit hielten die Braut an, einen Kelch mit dem Bräutigam zu teilen. In Zheijang, einer berühmten Herkunftsregion für Reiswein, ist es Sitte, einen versiegelten Krug des landestypischen Getränks bei der Geburt von Kindern zu vergraben und erst zu deren Hochzeit wieder ans Tageslicht zu holen. Selbst die Verstorbenen müssen nicht für ewige Zeiten auf dem Trockenen sitzen. Jährliche Rituale wie das Frühlingsfest kennen noch heute neben den Speisegaben auch Weinspenden zum Wohl der geliebten Vorfahren. Eines der ältesten Rituale dieser Art lässt sich anhand archäologischer Funde aus Mawangdui belegen. Die Verlobte des Grafen von Dai findet in ihrem Grabzimmer aus dem Jahr 168 v. Chr. neben einer reichgedeckten Festtafel auch zahlreiche Krüge mit zweierlei Weinsorten als Wegzehrung für die lange Reise ins Jenseits. Manch einen schickte der Alkohol auch erst auf die letzte Reise: Vom großen Dichter Li Bai (701-762) heißt es, er habe in angetrunkenem Zustand versucht, das Spiegelbild des Mondes in einem tiefen Fluss zu fangen, ein Unterfangen, das er mit dem Leben bezahlte.

Eine goldene Regel befolgt der fröhliche Zecher in China jedoch eisern: nie auf nüchternen Magen. Da es beim Trinken darum geht, „den Wein nach unten zu befördern" („xiajiu"), gibt es immer kleine Snacks, die den Wein nicht zu schnell zu Kopf steigen lassen. Absolut notwendig ist eine gute Grundlage beim Genuss von Moutai – dem mit 65 Vol.% stärksten Schnaps Chinas. Er wird gerne als Verdauungshilfe nach einem üppigen Festmahl gereicht. Am anderen Ende der Prozenteskala erfreut sich inzwischen auch Bier großer Beliebtheit – und das als kleines Erbe der ansonsten wenig ruhmreichen deutschen Kolonialgeschichte. Die Hafenstadt Tsingtao wurde

im Jahr 1898 auf 99 Jahre Zwangsprotektorat des Deutschen Reiches. Als erste Amtshandlung wurde ein eigenständiges Bierbrauereiwesen aufgebaut. Obwohl das deutsche Zwischenspiel in China 1914 schon wieder zu Ende ging – Tsingtao geriet bis 1922 unter japanische Herrschaft – blieb das Bier als großer Inlands- und Exporterfolg der Stadt erhalten.

Nebelschwaden und sanfter Wind –
Die Teekultur Chinas

Als der Tee zu Zeiten der Tang-Dynastie (618-907) die kulinarische Landkarte Chinas betrat, musste er sich erst einmal gegen den alteingesessenen Konkurrenten Wein durchsetzen. Ein literarischer „Diskurs zwischen Tee und Wein", entstanden um das Jahr 900, berichtet vom großen Getränkestreit: Der Wein nimmt für sich in Anspruch, das wertvollere Getränk zu sein, und erfolgreicher im Kampf gegen Krankheit und Tod. Der Tee wendet ein, dass gerade der Wein am Ruin zahlloser Familien schuld sei, wohingegen er selbst ein wahrhaft tugendhaftes Getränk mit wunderschöner Farbe sei und der Fähigkeit, jegliche Verwirrung zu zerstreuen. Erst das Wasser kann den Streit schlichten: Es erinnert die Streitparteien daran, dass sie beide ohne Wasser nichts wären, und ruft zur Versöhnung auf.

Vom heutigen Standpunkt aus betrachtet, hat Tee als weltweit beliebtestes Getränk den Wein weit hinter sich gelassen. Seine weltumspannende Verbreitung verdankt er zwar der holländischen Ostindien-Kompanie, die chinesischen Tee im 16. Jahrhundert erstmals nach Übersee brachte, und später dem quasi industriellen Anbau, den England insbesondere seit dem 19. Jahrhundert in Ceylon und Indien betrieb, die Ursprünge liegen allerdings in China, genauer gesagt in Sezuan, wo man um das Jahr 200 erstmals eine bittere Pflanze mit dem späteren Namen Camellia sinensis verkochte. Die Verbreitung des Tees in China fällt zusammen mit der Ausbreitung des buddhistischen Glaubens: Da den Mönchen der Genuss von ‚vergiftenden' Nahrungsmitteln wie Wein verboten war, lernten sie die aufmunternde Wirkung des Pflanzensuds bei ihren ausgedehnten Fasten- und Gebetsübungen zu schätzen.

Auch die Kaiser jener Zeit zählten zu den ersten Liebhabern des Getränks, das ihnen bei politischen Verhandlungen nicht den Verstand raubte und so einen Vorteil gegenüber weinseligen Konkurrenten verschaffte. Mithilfe dieser beiden prominenten Gruppen als Fürsprecher war es für den Tee ein leichtes, auch breitere Bevölkerungskreise für sich zu gewinnen.

Als Buddhist mit praktischer Klostererfahrung war der Dichter Lu-Yu einer der größten Bewunderer des neuen Getränks. Mitte des 8. Jahrhunderts verfasste er die Tee-Bibel schlechthin, das Ch'a-ching. In 3 Büchern und 10 Kapiteln beschreibt er alles, was man über die vollkommene Zubereitung wissen muss. Er beginnt mit den Auswahlkriterien für die besten Blätter: „Faltig wie der Lederstiefel tartarischer Reiter, gekräuselt wie die Halsfalte eines mächtigen Rinderbullen, aufgefaltet wie Nebelschwaden, die einer Bergschlucht entsteigen, schimmernd wie ein von sanftem Wind bewegter See und feucht und weich wie feine Erde, die vom Regen benetzt ist" – so müssen Teeblätter sein. Im fünften Kapitel wendet er sich der bis heute heiß diskutierten Frage zu, wie man Tee am besten zubereitet. Reines Bergquellwasser ist für Lu-Yu ideal, gefolgt von Flusswasser und dem Wasser einer gewöhnlichen Hausquelle. Er unterscheidet drei Grade des Kochwassers: das erste Aufsteigen leichter Bläschen, das sprudelnde Aufsteigen von größeren Kristallbläschen und schließlich das wallende Kochen. Beim ersten Kochgrad wird das Wasser leicht gesalzen, beim zweiten der Tee zugegeben und beim dritten folgt das Ablöschen mit einer Kelle kalten Wassers, damit der Tee sich setzt und „die Jugend des Wassers wieder auflebt".

Die Führung des Landes schätzte Tee nicht nur als Getränk, sondern auch als neue Einnahmequelle. Das staatliche Monopol für Teevertrieb sowie ein florierender Export in die nördlichen Regionen des Reiches und ins umliegende Ausland füllte die Staatskasse. Allerdings stieg so auch das Risiko von Unruhen, die bei Erhöhung der Teesteuer immer wieder ausbrachen, denn weder innerhalb noch außerhalb des Reiches der Mitte wollte man auf den Genuss des anregenden Getränks verzichten. Lu-Yu, späterhin als Gott des Tees verehrt, rät: „Wer nur seinen Durst stillen will, soll Wasser trinken. Wer Trauer und Ärger vertreiben will, greife zum Wein. Wer Teilnahmslosigkeit und Schläfrigkeit vertreiben will, der trinke Tee."

Wurde Tee zu Zeiten Lu-Yus noch getrocknet, zu Kuchen gepresst oder zermahlen, setzte sich wenig später der heute noch gebräuchliche lose Tee aus getrockneten Blättern durch. Die Blätter wurden über Dampf zum Verwelken gebracht und anschließend getrocknet. Erst zu Zeiten der mongolischen Herrschaft, als Marco Polo die Kunde vom fernen China erstmals nach Europa brachte, goss man den Tee wie heute üblich über getrockneten Teeblättern auf. Neue Sorten wurden gezüchtet und die Teeblätter mit Blumenblättern gemischt, der Jasmintee ist die bekannteste Erfindung dieser Zeit. Im Jahr 1200 wurden bereits 41 Teesorten gezählt.

Die drei klassischen Teearten unterscheiden sich aufgrund der unterschiedlichen Fermentierung während des Herstellungsprozesses: grüner Tee (unfermentiert), Oolong Tee (wenig fermentiert) und schwarzer Tee (stark fermentiert). Heute werden über 300 verschiedene Teesorten aus chinesischer Herstellung angeboten, wobei grüner Tee von Einheimischen bevorzugt wird. Schwarzer Tee landet als Exportschlager in der westlichen Welt, der leicht fermentierte Oolong Tee erfreut sich im Süden Chinas großer Beliebtheit.

Gelegenheit zum Teetrinken gibt es viele: Das Zusammentreffen mit Freunden, als Begleiter von kleinen Snacks zwischendurch, in jeder Situation, die Geduld erfordert (zum Beispiel beim Warten auf das Essen oder als krönender Abschluss eines großen Diners). Zu großen Mahlzeiten am Mittag oder Abend jedoch wird Tee traditionell nicht getrunken.

Die Zubereitung von grünem Tee nach heutigem Standard empfiehlt ein mehrfaches Aufgießen der Teeblätter mit ca. 70 °C heißem Wasser in einer vorgewärmten Porzellankanne. Eine gute Teefüllung von grünem Tee verträgt pro Kanne bis zu 8 Aufgüsse, wobei der 3. und 4. am geschmackvollsten sind. Bei schwarzem Tee empfiehlt sich ein Überbrühen mit Wasser kurz unter dem Siedepunkt.

Das Frühjahrsfest –
Speisen mit Geistern

Der Termin für das größte Fest im chinesischen Kalender, das Frühjahrs- und gleichzeitig Neujahrsfest, fällt auf den zweiten Neumond nach der Wintersonnenwende. Im Jahr 2002 nach gregorianischer Zählung, 4700 nach chinesischer, fiel es auf den 12. Februar. Diesen Tag begeht man in China nicht nur in freudiger Erwartung der Zukunft, auch die Vergangenheit in Gestalt verstorbener Vorfahren wird geehrt. Um die Mittagszeit füllt man ein Schälchen mit Brühe und gibt zwei frisch gekochte Nudeltäschchen, Jiao zi, dazu. Zwei Stäbchen dürfen natürlich nicht fehlen. Dieses Gericht wird den verstorbenen Ahnen dargebracht. Die Häuser und Straßen werden mit kunstvoll bestickten Tüchern in leuchtendem Rot geschmückt. Dieser Brauch geht auf folgende Legende zurück:

‚Nian' bedeutet im Chinesischen ‚Jahr', es ist aber auch der Name einer wilden Kreatur von stier-ähnlichem Aussehen, das in grauen Vorzeiten die Städte und Dörfer Chinas im Winter für die Dauer von 30 Tagen heimzusuchen pflegte. Auf der Stirn trug es ein scharfes Horn, mit den Schlägen seines Schwanzes richtete es viel Un-heil an und sein Maul war gespickt mit spitzen und blutüberströmten Zahnen. Viele unschuldige Menschen fielen Jahr für Jahr dem Überfall des Nian zum Opfer. Nach Jahren sorgfältiger Beobachtung fanden die Menschen heraus, dass das Ungeheuer drei Schwachpunkte hatte: Es verabscheute die Farbe Rot, großen Lärm und sprühendes Feuer. Als der Nian das nächste Jahr erschien, behängten die Menschen ihre Haus-türen mit roten Schilden aus dem Holz des Pfirsichbaums, sie zündeten Feuerwerkskörper und machten so einen Höllenlärm. Voll Furcht floh der Nian in die Berge. Um sicher zu gehen,

dass er dort auch blieb, fuhren die Menschen noch die ganze Nacht fort mit dem Feuerwerk. Dass der Nian auch bis heute nicht zurückgekehrt ist, beweist die Wirksamkeit der Methode, die jedes Jahr zum Frühjahrsfest von Neuem erprobt wird.

Anschließend geht es auf die Straße, die an diesem Tag den Fußgängern gehört. Zettel werden mit astronomisch hohen Geldbeträgen beschrieben. An Straßenkreuzungen, die einen besonders hohen Austausch an Energie mit dem Reich der Geister versprechen, werden die Geldzettel verbrannt und so neben den leiblichen auch die finanziellen Sorgen der Ahnen behoben. Den Höhepunkt des chinesischen Frühjahrsfestes bildet natürlich ein farbenprächtiges Feuerwerk um Mitternacht. Die Herstellung von Feuerwerkskörpern hat in China eine lange Tradition. Wer genau die explosive Mischung aus Kohle, Salzpeter und Schwefel erfunden hat, lässt sich historisch nicht genau feststellen. Um das Jahr 1230 mehren sich die schriftlichen Berichte von spektakulären Raketeneinsätzen im Rahmen kriegerischer Handlungen. Die älteste Quelle beschreibt die Belagerung der chinesischen Stadt K'ai-Feng durch die Mongolen. Hier ist die Rede von „Pfeilen aus fliegendem Feuer", andere Geschosse verursachten laut Beobachtern einen „erderschütternden Donner". Aber auch in Arabien, Deutschland und England wusste man zu dieser Zeit um die Herstellung von Schwarzpulver und den Einsatz von Raketen. Zum friedlichen Gebrauch haben sicherlich die Chinesen das Schwarzpulver am kunstvollsten verarbeitet. Die ersten und schönsten Feuerwerke werden aus China beschrieben. So auch jährlich um die Mitternachtsstunden des Frühjahrsfestes.

Hat man sein Pulver verschossen, geht es zu Tisch und hier warten die größten Köstlichkeiten in einem 12gängigen Menü, das von Region zu Region unterschiedlich ausfällt. Was allerdings in den seltensten Fällen fehlt, sind die berühmten Nudeltäschchen – Jiao zi – die schon am Mittag Herzen und Mägen der Geister erfreut hatten.

Weiteren Gerichten schreibt man aufgrund ihrer Namensgebung eine glücksverheißende Wirkung auf die Zukunft zu. So klingt der Begriff für Reiskuchen wie das Wort für Wohlstand und Wachstum, das Wort für Fisch klingt nach Überfluss, Reisbällchensuppe verspricht das Wiedersehen mit geliebten Menschen und Lotussamen symbolisieren männlichen Nachwuchs. Früchte dürfen an den Neujahrstafeln auch nicht fehlen. Alle möglichen sind zu finden, bis auf die Birne, die klingt nach Trennung. Mehlklößchen werden gerne mit einer kleinen Goldmünze gefüllt. Wer die Münze in seinem Klößchen findet, darf besonders viel Glück im neuen Jahr erwarten. So findet das chinesische Frühjahrsfest einen kulinarisch Ausklang, von dem man das ganze Jahr über träumen darf.

Austernsoße, Wok und Bambuskorb – Tipps und Tricks der chinesischen Küche

So schwierig einem die Zubereitung von chinesischen Gerichten zunächst erscheinen mag, mit einer kleinen Grundausstattung an Küchengeräten und speziellen Zutaten ist das Kochen ein Kinderspiel.

Was die Zutaten in diesem Kochbuch anbelangt, so wurde darauf geachtet, dass ein Großteil auch in gut sortierten Lebensmittelmärkten zu bekommen ist (z. B. frischer Ingwer, Sojasoße, Glasnudeln, 5-Gewürze-Pulver). Einige wenige Anschaffungen lohnen jedoch den Weg in den nächsten Asia- oder Chinaladen. Bei den Zutaten wären dies z. B. Hoisin- oder Austernsoße und getrocknete chinesische Pilze. Besonders wichtig aber sind die Kochgeräte, ohne die eine authentische chinesische Küche nahezu undenkbar ist.

Es gibt fünf grundlegende Arten der Zubereitung in den Küchen Chinas: Dämpfen, Frittieren, Pfannenrühren, Schmoren und Backen. Gedämpft wird in China traditionellerweise im Bambusdämpfkorb mit verschiedenen Einsätzen. Diese Körbe gibt es in unterschiedlichsten Größen im Chinaladen. Man schreckt zwar erst einmal vor der Anschaffung eines großen Bambuskorbs zurück, aber er ist überaus praktisch und auch in der westlichen Küche von großem Nutzen. Im Gegensatz zum hierzulande gebräuchlichen Dampfdruck- oder Schnellkochtopf, werden die Zutaten im Bambusdämpfkorb überaus schonend zubereitet. Der heiße Dampf dringt durch den Korb, erhitzt das Kochgut und tritt zu einem gewissen Grad über den Deckel wieder aus. So bildet sich kein so hoher Druck und auch keine so hohe Gartemperatur, wie ihn

Dampfdrucktöpfe erzeugen. Gerade Fleisch oder Fisch bleiben so zarter, bei Gemüse bleiben mehr Vitamine erhalten und die Konsistenz bleibt knackig.

Allerdings gibt es auch ein paar Tricks, die die Anschaffung des Bambuskorbes ersparen. Die einfachste Möglichkeit ist ein feuerfester Suppenteller, der umgestülpt auf den Boden eines großen Kochtopfs gesetzt wird. Darauf kommt dann der Teller mit dem Dämpfgut. Wasser wird bis zur Hälfte des Suppentellers angegossen und zum Kochen gebracht. Der Kochtopf wird mit einem Deckel verschlossen. Eine zweite Möglichkeit sind Dämpfeinsätze, die es für alle Kochtopfgrößen im Fachhandel gibt. Eines haben Bambuskorb, Dämpfeinsatz und die Suppentellervariante gemeinsam: hilfreich ist in jedem Fall ein rundes, an den Rändern gefasstes Tüchlein aus Baumwolle in Größe des jeweiligen Dämpfeinsatzes. Dieses Tüchlein legt man unter das Gargut. Es verhindert ein Anbacken des Gargutes am Dämpfeinsatz. (Er kann aus Bambus, Keramik oder Metall bestehen). Gerade bei Fisch oder Mehlklößen empfiehlt sich die Verwendung eines Gartuches, das man allerdings selbst herstellen muss.

Alle weiteren Zubereitungsarten überlässt die chinesische Küche dem Allrounder unter den Küchengeräten, dem Wok. Traditionellerweise wird die halbkugelförmige Bratpfanne über einer Feuerstelle – heutzutage mit Gas befeuert – erhitzt. Es gibt aber inzwischen auch elektrische Varianten oder Wokpfannen, die auf Herdplatten, Ceranfeldern oder dem heimischen

Gasherd verwendet werden können. Je nachdem, ob frittiert oder gebraten werden soll, ist die Öl-menge unterschiedlich. Die Hitze des Öls misst man am besten mit einem Ölthermometer oder mit einem Stückchen altbackenen Toast. Bräunt es in 50-60 Sekunden, dann ist die optimale Frittiertemperatur von 180-190 °C erreicht. Oft wird zuerst in einer größeren Menge Öl frittiert, dann wird das Öl bis auf eine kleinere Menge in einen feuerfesten Behälter abgegossen, was für Ungeübte eine gewisse Herausforderung bedeutet.

Schließlich wird im verbleibenden Öl die Kunst des berühmten Pfannenrührens geübt. Hierbei wird das Bratgut mit einem hölzernen Kochlöffel oder Spatel – in China verwendet man lange Stäbchen – unter ständigem Rühren sekunden-schnell in heißem Öl gebraten. So bleibt alles schön knackig und zart. Man kann natürlich auch in einer herkömmlichen beschichteten Pfanne pfannenrühren, aber da die Hitze gleich-mäßig verteilt wird, muss man verstärkt aufpas-sen, dass nichts anbrennt. Eine gute Alter-native sind Wokpfannen, die wie die Originale

halbkugelförmig sind, aber eine Auflagefläche für die Herdplatte aufweisen. Nach dem Pfannen-rühren folgt bei Gerichten mit Soße zumeist noch eine Phase, in der mit geschlossenem Deckel geschmort wird.

Was das Backen angeht, so funktioniert es genau-so wie in heimatlichen Gefilden. Ein handelsüb-licher Backofen genügt, um der Pekingente die unvergleichliche Verbindung von Knusprigkeit und Zartheit zu verleihen, die sie über die Landesgrenzen hinweg so bekannt gemacht hat.

Eine große Hilfe bei der traditionell sehr auf-wändigen Küche Chinas kann eine gute Küchenmaschine oder ein Juliennehobel sein. Gerade das Zerkleinern von Fleisch und Gemüse nimmt – auf die klassische Art mit dem scharfen Küchenbeil vorgenommen – eine Menge Zeit in Anspruch.
Man sollte jedoch beim Zerkleinern darauf ach-ten, dass nichts zu Mus verarbeitet wird: Ob Schweinehackfleisch, Hähnchenbrust, Gurken oder Paprika – alles sollte noch genug Masse zum Anbraten haben.

27

Dim Sum –
Vorspeisen

Dim Sum – Vorspeisen

Die köstlichen kleinen Happen aus der Snackküche Chinas erobern die Herzen und Mägen der restlichen Welt im Sturm. Dim Sum, wörtlich ‚kleine Herzen‘, sind in China selbst nichts Besonderes. Mittags helfen sie gegen den kleinen Hunger, aber auch an den ausladenden Tafeln der großen Abendküche sind sie ein gern gesehener Gast. Die großen Menüs bestehen nämlich aus nichts anderem, als aus vielen kleinen Köstlichkeiten. Den Chinesen ist die Aufteilung eines Diners in einzelne Gänge fremd: Vorspeise, Suppe, Hauptgericht und süße Speisen finden sich appetitlich angerichtet auf einer großen Tafel vereint. Jeder nimmt sich, wonach ihm der Sinn steht.

Die folgenden Rezepte sind also keine Vorspeisen im herkömmlichen Sinne, sondern können mit Gerichten aus den anderen Kapiteln zu größeren Menüs kombiniert werden. Wenn es aber einmal etwas weniger, dafür aber etwas feiner sein darf, dann liegt man bei den Dim Sums genau richtig.

Die Rezepte sind – soweit es nicht anders angegeben ist – für gute 4 Portionen als Nebengericht im Rahmen eines 2-3teiligen Menüs berechnet.

Bang bang ji

HÄHNCHENBRUST AUF GURKENSALAT

FÜR 4 PERSONEN

250 g geschälte Salatgurke
1 Tl Salz
450 g Hühnchenbrust mit Haut
600 ml klare Brühe oder Wasser
8 Frühlingszwiebeln, nur die weißen Teile
in feine Längsstreifen geschnitten

Für die Soße:
4 Tl Sesampaste
2 El dünne Sojasoße
1 El Reis- oder Weißwein-Essig
1½ Tl Zucker
2 Tl scharfes Chiliöl
1 Tl Sesamöl

Die Salatgurke halbieren und die Kerne entfernen, anschließend in dünne Scheibchen hobeln. Mit Salz bestreuen, gut vermischen und ziehen lassen. Die Hähnchenbrust für 15 Minuten in der Brühe köcheln lassen, bis sie gar ist, aus der Brühe nehmen und abkühlen lassen.

Für die Soße die Sesampaste im Gläschen gut verrühren und anschließend in eine Schüssel geben. Sojasoße, Essig, Zucker, Chiliöl und Sesamöl unterrühren.

Die Gurkenscheiben gründlich abspülen und das restliche Wasser ausdrücken. Auf einer Platte appetitlich anrichten.

Die abgekühlte Hühnchenbrust auf der Hautseite mit einem Kochlöffel vorsichtig weich klopfen. Die Haut abziehen und die Fleischfasern der Länge nach möglichst dünn abzupfen. In der Mitte der Gurkenplatte anrichten.

Die Frühlingszwiebeln über das Fleisch geben, die Sauce darüber geben und servieren.

Ban quie ni

AUBERGINE MIT SESAMSOSSE

FÜR 4 PERSONEN

350 g Auberginen
1 Tl Sesamöl
10 g Sesampaste
1 Prise Salz
1 Tl Petersilie, gehackt
1 Tl Knoblauch, gehackt
1 Tl Schnittlauch, gehackt

Die Auberginen enthäuten und in dünne Scheiben von ca. 3 mm schneiden. Entweder im Bambusdämpfkorb oder im Dämpftopfeinsatz für 25 Minuten dämpfen (15 Minuten im Dampfdrucktopf), anschließend abkühlen lassen. Die Auberginen müssen weich gedämpft sein.

Sesamöl, Salz, Sesampaste, Petersilie, Knoblauch und Schnittlauch verrühren und die Auberginen darin wenden.

Xia mi ban quin cai

SELLERIE MIT KRABBEN

FÜR 4 PERSONEN

75 g getrocknete Krabben
400 g Stangensellerie
50 ml Erdnussöl
1 Tl Pfefferkörner
½ Tl Salz
½ El Sherry, Medium Dry
1 El Sesamöl

Getrocknete Krabben 10 Minuten wässern. Den Sellerie waschen und in 5 cm lange Stücke schneiden. In kochendem Salzwasser für 2 Minuten blanchieren, abtropfen lassen und beiseite stellen.

Erdnussöl im Wok nicht zu stark erhitzen. Die Pfefferkörner 2 Minuten anbraten, den Wok vom Feuer nehmen, die Pfefferkörner aus dem Öl heben und entsorgen.

2 El vom Pfefferöl in eine feuerfeste Schale füllen, leicht abkühlen lassen, mit Salz und Sherry verrühren. Den Sellerie und die Krabben ins Öl geben. Alles abkühlen lassen.

Das Gericht kann lauwarm oder kalt serviert werden. Vor dem Servieren mit Sesamöl abschmecken.

Be cai ban fen si

SPINAT MIT GLASNUDELN

FÜR 4 PERSONEN

300 g Blattspinat, gewaschen, ohne Stiele
100 g Glasnudeln
40 g getrocknete Krabben
1 Tl Senfpulver
3 Knoblauchzehen, geschält
½ TL Chiliöl [Siehe Rezept S. 167]
1½ Tl dünne Sojasoße
1 Tl Brandweinsessig
1 Tl Salz

Den Spinat in kochendem Salzwasser 10 Sekunden blanchieren und sofort unter kaltem Wasser abschrecken. Den Spinat gründlich ausdrücken. In 3 cm lange Stücke schneiden.

Die Glasnudeln in einen Topf geben und mit 700 ml kochendem Wasser übergießen. Bedeckt ½ Stunde ziehen lassen. Anschließend mit kaltem Wasser abschrecken. In 15 cm lange Stücke schneiden.

Getrocknete Krabben 10 Minuten in heißem Wasser einlegen. Abgießen und leicht ausdrücken. Den Senf mit etwas heißem Wasser glatt rühren und bedeckt ziehen lassen. Den Knoblauch pressen und dazugeben.

Den Spinat in eine Schüssel geben, die Nudeln darüber geben. Die Senf-Knoblauch-Mischung auf eine Seite, die gewässerten Krabben auf die andere Seite der Nudelschicht geben.

Chiliöl, Sojasoße, Essig und Salz verrühren und zum Schluss über das Gericht geben.

Hua sheng mi ban huang gua

GURKEN MIT ERDNÜSSEN

FÜR 4 PERSONEN

---

300 g Salatgurke, geputzt und gewaschen,
200 g Erdnüsse, ungesalzen, ungeröstet
1¹/₂ El Pfefferöl [Siehe Rezept S. 167]
1¹/₂ El Sesamöl
¹/₂ Tl Salz

Erdnüsse mit Wasser knapp bedecken und 15 Minuten weich kochen. Mit kaltem Wasser abschrecken.
Gurken in erdnussgroße Würfel schneiden und mit den Erdnüssen vermischen. Mit Pfefferöl, Sesamöl und Salz abschmecken.

Kao pai gu

GEGRILLTE SCHÄLRIPPCHEN

FÜR 4 PERSONEN

Für die Marinade:
80 ml Hoisin-Soße
80 ml Ketchup
80 ml Sojasoße
3 Tl Sherry Medium Dry
3 Knoblauchzehen, feingehackt

2 kg Schweineschälrippchen (Spareribs)
60 ml Honig zum Bestreichen

Alle Zutaten bis auf den Honig vermischen und die Schälrippchen für mindestens 2 Stunden in dieser Marinade ziehen lassen.
Backofen auf 190 °C vorheizen, die Schälrippchen auf dem mittleren Rost einschieben, darunter eine Bratpfanne mit Wasser aufstellen, damit der Bratensaft aufgefangen wird. Die Rippchen 45 Minuten im Ofen backen, hin und wieder umdrehen.
Nach Ende der Bratzeit die Schälrippchen auf beiden Seiten mit Honig bepinseln und auf jeder Seite noch einmal 5 Minuten braten.
Vor dem Servieren die Schälrippchen in mundgerechte Stücke zerteilen.

Zhu rou wan zi

SCHWEINEFLEISCHKLÖSSCHEN

FÜR 4 PERSONEN

Für den Teig:
450 g Mehl
125 ml warmes Wasser
125 ml kaltes Wasser

Für die Füllung:
750 g Schweinehackfleisch
250 g Krabbenfleisch, fein gehackt
1 Frühlingszwiebel, fein gehackt
1 Tl Ingwer, fein gehackt
300 g weißen Rettich, fein gerieben
1 Tl Salz
3 Tl Sojasoße
2 Tl Sesamöl
1 Ei
1 Tl Maisstärke
1 Tl Weißwein

3 Tl Öl zum Anbraten

Das warme Wasser zum Mehl geben und gut unterrühren, dann das kalte Wasser zufügen. Den Teig gut durchkneten, in einer Schüssel mit einem Tuch bedeckt für mindesten eine halbe Stunde ruhen lassen, besser sind mehrere Stunden Ruhezeit.

In einer Schüssel Schweinehack- und Krabbenfleisch, Frühlingszwiebeln, Ingwer, Rettich, Salz, Sojasoße, Sesamöl, Ei, Maisstärke und Wein gründlich verrühren.

Den Teig auf einer leicht bemehlten Fläche kneten, bis er eine glatte und weiche Konsistenz hat. Den Teig in vier gleiche Teile schneiden. Die Teile zu gleich langen Rollen formen und davon jeweils 10, also insgesamt 40 gleiche Scheiben abschneiden. Die einzelnen Teigscheibchen mit der Hand zu runden Fladen drücken und mit dem chinesischen Nudelhölzchen (1 cm Durchmesser, 15 cm lang) auf 7 cm Durchmesser ausrollen.

Je 1 Tl Füllung in die Mitte eines Fladens geben, den Teig über der Masse zusammenfalten, mit einer Gabel die Ränder vorsichtig zusammendrücken – zur Sicherheit kann man die Ränder vorher innen mit Eiweiß bestreichen – und das Ganze zu einer Sichel formen. Die restlichen Klößchen ebenso zubereiten.

Das Öl in einer beschichteten Bratpfanne erhitzen. Die Klößchen mit gutem Abstand nebeneinander in das heiße Öl setzen und in mehreren Durchgängen portionsweise je 5 Minuten bei geschlossenem Deckel braten. Den Deckel abheben, die Klößchen mit etwas Wasser besprengen und den Deckel sofort wieder auflegen. So werden die Klößchen von unten schön goldbraun und von oben gedämpft. Weitere 5 Minuten braten. Eventuell noch ein- bis zweimal mit Wasser besprengen.

Die Klößchen sind fertig, wenn die Unterseite schön goldbraun ist.

Noch heiß mit Sojasoße servieren.

Zha zhi ma wan zi

FRITTIERTE SESAMBÄLLCHEN

FÜR 20 BÄLLCHEN

---

300 g brauner Zucker
300 ml kochendes Wasser
450 g Klebereismehl
250 g süße Rote-Bohnen-Paste
[siehe Rezept S.164]
60 g Sesamsamen
1 l Erdnuss- oder Maisöl zum Frittieren

Den Zucker im kochenden Wasser auflösen. Das Reismehl in eine große Rührschüssel geben, eine Mulde hineindrücken, das Zuckerwasser dazugeben, gut vermischen und zu einem Teig kneten.

Mit bemehlten Händen aus dem Teig Bällchen von etwa 5 cm Durchmesser rollen.

Genauso die Rote-Bohnen-Paste aus jeweils 1 Tl Masse formen, nur etwas kleiner im Durchmesser, so dass diese Bällchen in die Reisbällchen passen.

Mit Daumen und Zeigefinger eine Mulde in die Reisbällchen drücken, dahinein ein Pasten-Bällchen geben. Den Teig des Reisbällchens vollständig über dem Pastenbällchen zusammendrücken und noch einmal gründlich rollen.

Die Bällchen in den Sesamsamen wälzen.

Das Öl im Wok erhitzen. Die Bällchen im 170 °C heißen Öl portionsweise etwa 2 Minuten frittieren, bis sie leicht gebräunt sind. Dann die Bällchen mit einem Kochlöffel leicht gegen den Wokrand drücken, um ihre Ausbreitung – sie verdreifachen ihre Größe beim Braten – zu steuern. Die Sesambällchen mit einem Schaumlöffel aus dem Öl heben, wenn sie goldbraun sind. Auf Küchenpapier abtropfen lassen und warm servieren.

Luo bo gao

RETTICH-KUCHEN

FÜR 4 PERSONEN

1200 g weißer Rettich, gerieben
250 ml Wasser
150 g Langkornreismehl
5 Tl Öl
1 Tl Schalotte, fein gehackt
4 getrocknete schwarze Pilze ohne Stiele, gewässert,
mit kochendem Wasser bedeckend überbrüht,
20 Minuten eingeweicht,
20 Minuten gekocht und fein gehackt
50 g getrocknete Krabben
4 luftgetrocknete Schweinswürste, fein gehackt
1/2 Tl Zucker, 2 Tl Salz
2 getrocknete Perperoncini, zerbröselt
1 Tl Petersilie, fein gehackt
1 Tl Sesamsamen, geröstet

Den Rettich schälen und fein reiben. In 250 ml Wasser etwa 1 Stunde gar köcheln.

Den abgegossenen Rettich mit Reismehl und 2 Tl Öl zu einer dicklichen Masse verrühren. 2 Tl Öl im Wok erhitzen. Schalotte, Pilze, Krabben, und Würste unter ständigem Rühren im Wok anbraten. Anschließend zur Rettichmasse geben. Zucker, Salz und Peperoncini zugeben und alles gründlich durchmischen.

Einen flachen Teller von etwa 20 cm Durchmesser mit Öl ausfetten. Die Rettich-Teigmasse auf dem Teller glatt streichen und mit gehackter Petersilie und Sesamsamen bestreuen.

Den Teller in den Dämpfeinsatz setzen und über kochendem Wasser bei geschlossenem Deckel 1 Stunde dämpfen. Wenn man einen Bambusdämpfkorb besitzt, den Teller hineinsetzen und auf die gleiche Weise dämpfen.

Nach dem Dämpfen abkühlen lassen, im Kühlschrank weiter herunterkühlen.

Vor dem Servieren in Streifen von ca. 5 x 7 cm schneiden und mit 2 El Öl im Wok oder einer beschichteten Pfanne goldbraun ausbraten. Auf Küchenpapier entfetten und heiß servieren.

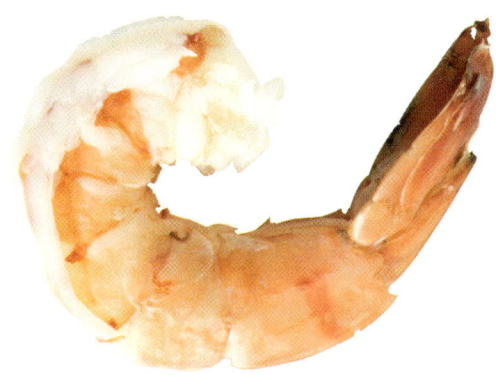

Zha xia wan zi

KNUSPRIGE KRABBEN-BÄLLCHEN

FÜR 30 BÄLLCHEN

---

100 g Wasserkastanien
300 g mittelgroße, geschälte, küchenfertige Krabben
1¹/₂ El Ingwer, fein gehackt
1¹/₂ El Frühlingszwiebel, fein gehackt
1¹/₂ El Reiswein oder Sherry
³/₄ Tl Öl von gerösteten Sesamsamen
¹/₂ Tl Salz
1 Eiweiß, leicht aufgeschlagen
2 El Maisstärke
Maisöl zum Frittieren

Pflaumen- oder Entensoße zum Eintunken
siehe Rezept Seite 164/165

Die Wasserkastanien für 10 Sekunden in kochendem Wasser blanchieren, dann in kaltem Wasser abschrecken und gründlich abtrocknen.

Die Krabben in der Küchenmaschine zu einer Paste verarbeiten und in eine Schüssel geben. Wasserkastanien, Ingwer, Zwiebeln, Reiswein, Öl, Salz, Eiweiß und Maisstärke dazugeben und alles gründlich verrühren, bis eine feste Paste entstanden ist. Die Masse gut kühlen.

Reichlich Öl im Wok auf 190 °C erhitzen.

Von der Krabbenpaste je ein Tl abstechen und zu Bällchen formen. Die Bällchen portionsweise 3-4 Minuten frittieren, dabei die Bällchen mit einem Stäbchen in Bewegung halten, damit sie nicht aneinander kleben. Die Krabbenbällchen mit einem Schaumlöffel aus dem Öl heben, abtropfen lassen und auf Küchenpapier entfetten. Warm servieren mit Pflaumen- oder Entensoße.

Chun juan

FRÜHLINGSROLLE

FÜR CA. 35 STÜCK

450 g Karotten, geschält, fein geraspelt
3 El Salz
175 g Glasnudeln
10 mittelgroße, getrocknete chinesische Pilze,
gewässert, mit kochendem Wasser bedeckend
überbrüht und 20 Minuten eingeweicht
225 g mageres Schweinehackfleisch
225 g rohe Krabben, geschält, ohne Kopf
225 g Zuckerschoten, geputzt
5 El Erdnuss- oder Maisöl
4 Knoblauchzehen, fein gehackt
2 cm frische Ingwerwurzel, geschält, fein gehackt
7 Frühlingszwiebeln, in feine Röllchen geschnitten,
1 El Sherry, Medium Dry
175 g Bambussprossen aus der Dose,
in streichholzgroße Streifen geschnitten
2 El dünne Sojasoße
35 große Stücke Frühlingsrollenteig, 21x23 cm
tiefgefroren, aufgetaut
1 Eiweiß, verquirlt
Erdnuss- oder Maisöl zum Frittieren

Für die Hack-Marinade:
$1^1/_2$ Tl Salz, $1^1/_2$ Tl Zucker
2 Tl dünne Sojasoße
Pfeffer aus der Mühle
1 Tl Sherry, Medium Dry
1 El Sesamöl
1 El Kartoffelstärke
$1^1/_2$ El Wasser

Für die Krabben-Marinade:
$^1/_4$ El Salz,
Pfeffer aus der Mühle
$^1/_2$ El Zucker
$^1/_4$ El dünne Sojasoße,
1 El Sesamöl

Die geraspelten Karotten in eine Schüssel geben und mit 1 El Salz vermischen, damit sie Wasser ziehen. Nach einer $^1/_2$ Stunde ausdrücken und trockentupfen.

Die Glasnudeln in einer großen Schüssel mit einem guten Liter kochendem Wasser übergießen. Bedeckt für mindestens $^1/_2$ Stunden ziehen lassen. Gut abtropfen lassen und ausdrücken. In ca. 5 cm lange Stücke schneiden.

Die gewässerten Pilze ausdrücken und in dünne Scheiben schneiden.

Das Schweinehackfleisch in eine Schüssel geben. Salz, Zucker, Sojasoße, Pfeffer, Sherry, Öl, Kartoffelstärke und Wasser untermischen und für 30 Minuten ziehen lassen.

Das Krabbenfleisch in streichholzgroße Streifen schneiden. In eine Schüssel geben und mit Salz, Pfeffer, Zucker, Sojasoße und Sesamöl vermischen. Für 15 ziehen lassen.

Die Zuckerschoten in streichholzgroße Streifen schneiden.

Für die Fleischfüllung den Wok erhitzen, bis er raucht. 3 Tl Öl angießen und durch Schwenken über die gesamt Innenfläche verteilen. Den Knoblauch, die Hälfte des Ingwers und der Frühlingszwiebeln in den Wok geben. Sobald der Knoblauch beginnt, Farbe zu nehmen, das Schweinefleisch dazugeben und für 30 Sekunden pfannenrühren. Die Krabben beifügen und für

1 Minute ebenfalls unter Rühren braten. Den Sherry angießen und rühren. Pilze und Bambussprossen dazugeben und kurz erhitzen. Den Wokinhalt in eine Schüssel geben und abkühlen lassen. Für die Gemüsefüllung 2 Tl Öl in den Wok geben, erhitzen und durch Schwenken verteilen. Restlichen Ingwer und Frühlingszwiebeln dazugeben, dann die Zuckerschoten, für 1 Minute pfannenrühren. Die Karotten und Glasnudeln beigeben und bei reduzierter Hitze kochen, alle überschüssige Flüssigkeit muss am Ende verdampft sein. Mit El Salz und 2 Tl dünner Sojasoße würzen. Auf einem großen Suppenteller abkühlen lassen.

Ein Stück Frühlingsrollenteig mit einer Spitze zum Körper hin auf eine glatte Arbeitsfläche legen. 2 Tl von der Gemüsefüllung unter die Mitte setzen, darüber 1 Tl von der Fleischfüllung geben. Die Füllung auf etwa 12 cm Länge ausbreiten. Eine Spitze des Teigs über die Füllung rollen und die Füllung im Teig festdrücken. Dann die beiden Seitenspitzen über die Ränder der Rolle zur Mitte hin falten. Die verbleibende Teigspitze mit dem verquirlten Eiweiß bestreichen, die Frühlingsrolle eng aufrollen und andrücken. Die restlichen Frühlingsrollen ebenso zubereiten.

Den Wok oder die Fritteuse halb mit Öl füllen und auf 180 °C erhitzen. 4-6 Frühlingsrollen (sie müssen auf jeden Fall frei beweglich im Öl schwimmen können) für 4 Minuten frittieren, bis sie eine sanft goldene Farbe bekommen haben. Wenn möglich, die Frühlingsrollen gelegentlich umwenden. Auf Küchenpapier entfetten. Jetzt sind die Frühlingsrollen vorgebraten und können entweder weiter verwendet oder abgekühlt und tiefgefroren werden.

Das Öl noch einmal auf 180 °C erhitzen und die vorgebratenen Frühlingsrollen noch einmal für 1-2 Minuten goldbraun ausbacken. Auf Küchenpapier entfetten und heiß servieren.

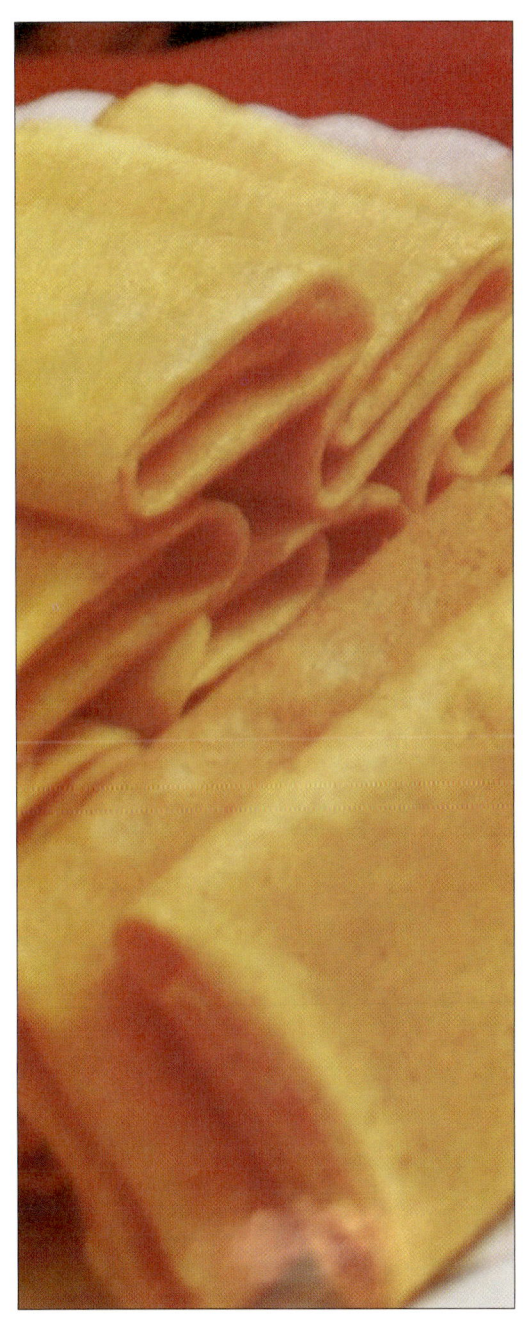

Zha niu nai

FRITTIERTE KOKOSNUSSSCHNITTEN

FÜR 32 STÜCK

50 g feste Kokosbutter
50 g Krebsfleisch, gekocht
½ Tl Salz
weißer Pfeffer aus der Mühle
2 ½ Tl Maismehl
300 ml Milch

Erdnuss- oder Maisöl zum Frittieren

Für den Backteig:
75 g Mehl
2 ½ El Maismehl
¾ Tl Backpulver
120 ml Wasser
1 El Erdnuss- oder Maisöl

Die Kokosbutter fein reiben. Das Krebsfleisch fein zerpflücken. Zusammen mit Salz und Pfeffer zur Kokosnussmasse geben. Mit Mehl und etwas Milch zu einer glatten Paste verrühren. Alles in eine beschichtete Pfanne geben, auf niedriger Flamme erhitzen und nach und nach die übrige Milch unterrühren, bis sich alle Zutaten gut verbunden haben und die Paste etwas eingedickt ist.

Die Masse in eine geölte Glasform von etwa 20 x 20 cm streichen und im Kühlschrank für mindestens 2 Stunden auskühlen lassen. Besser ist es, man kühlt die Masse mit Folie bedeckt über Nacht im Kühlschrank.

Für den Backteig Mehl und Maismehl in eine Schüssel sieben, das Backpulver dazugeben. Das Wasser nach und nach einarbeiten, bis ein glatter, läufiger Teig entstanden ist. Für mindestens ½ Stunde bei Zimmertemperatur ruhen lassen. Dann das Öl einrühren.

Die gut gekühlte Kokosmasse auf eine Platte stürzen und mit einem geölten Messer in 32 Rechtecke schneiden. Den Wok halbvoll mit Öl füllen und auf 190 °C erhitzen. Die Kokosstücke einzeln mithilfe von Stäbchen in den Backteig tauchen und in das heiße Öl geben. Backen, bis sie leicht gebräunt sind, was ca. 3 Minuten dauert. Immer nur so viele Kokosstücke einfüllen, dass sie frei im Öl schwimmen können.

Mit dem Schaumlöffel herausnehmen und auf Küchenpapier entfetten. Die abstehenden Teigreste mit einer Schere entfernen. Alle Kokosnussstücke wie beschrieben vorfrittieren.

Das Öl erneut auf 190 °C erhitzen und die Stücke in zwei Portionen goldbraun braten, was etwa 1 Minute dauert. Erneut auf Küchenpapier entfetten und warm auftragen.

43

Sheng cai bao

HUHN IN SALATBLÄTTERN

2 Köpfe Eisberg- oder Romanosalat
8 mittelgroße getrocknete Pilze, gewässert,
mit kochendem Wasser bedeckend
überbrüht und 20 Minuten eingeweicht
7 Wasserkastanien, geschält
1 kg Hühnerbrust

Für die Marinade:
1 Tl Salz
1 Tl Zucker
1 El dünne Sojasoße
Weißer Pfeffer aus der Mühle
2 Tl Sherry, Medium Dry
1¹/₂ Tl Maismehl
1 Eiweiß, leicht aufgeschlagen
2-3 El Wasser
2 El Erdnuss- oder Maisöl
2 Tl Sesamöl

Für die Soße:
1¹/₂ Tl Kartoffelstärke
135 ml klare Brühe
2 Tl dicke Sojasoße
2 Tl Austernsoße

150 ml Erdnuss- oder Maisöl
50 g Walnüsse oder Mandelblättchen
5 Knoblauchzehen, geschält und fein gehackt
6 Frühlingszwiebeln, das Weiße und Grüne getrennt
in feine Röllchen geschnitten
1¹/₂ El Sherry, Medium Dry
1El Essig

Den Salat lesen, waschen und gründlich trockenschleudern. Bis zur weiteren Verwendung im Kühlschrank aufbewahren.

Die gewässerten Pilze ausdrücken und in kleine Streifen schneiden. Die Wasserkastanien in der Küchenmaschine fein hacken.

Das Hühnerfleisch fein schneiden und in eine große Schüssel geben. Bis auf das Öl alle Zutaten für die Marinade zum Hühnerfleisch geben und gut verrühren, damit das Fleisch lockerer wird.

Die Pilze und die Wasserkastanien zum Fleisch geben und für 30 Minuten ruhen lassen. Anschließend das Erdnuss- und Sesamöl untermischen.

Für die Sauce das Kartoffelstärke in einer kleinen Schale mit 30 ml Brühe auflösen. Dann die restliche Brühe, die Austern- und die Sojasoße untermischen.

Den Wok erhitzen und die Walnüsse und Mandelblättchen bei niedriger Hitze und unter ständigem Rühren anrösten, bis sie knusprig sind. Anschließend auf einem Brett fein hacken. Den Wok anschließend trocknen und säubern.

Den Wok wieder auf große Hitze erwärmen, 150 ml Öl einfüllen und warten, bis das Öl raucht. Den Knoblauch ins Öl geben, sofort gefolgt von den weißen Röllchen der Frühlingszwiebeln. Ein paar Mal umrühren und dann das Hühnerfleisch dazugeben. Das Bratgut für 2-3 Minuten mit einem Holzspatel ständig an den oberen Rand des Woks rühren, bis alles schön angebraten ist. Mit Sherry und Essig ablöschen.

Sobald die Kochflüssigkeit weitgehend verdampft ist, die Hitze herunterschalten, das Bratgut an die Seite des Woks schieben und die

vorgemischten Zutaten für die Soße in die Mitte füllen. Sobald die Soße köchelt, das Bratgut wieder in die Mitte geben, die grünen Röllchen der Frühlingszwiebeln sowie Walnüsse und Mandeln dazugeben und alles noch einmal gut umrühren. Die Hühnermasse auf eine Platte geben und zu Tisch bringen. Jeder füllt sich sein bereitgestelltes Salatblatt mit der Hühnermasse, rollt das Blatt über der Masse zusammen und isst es genüsslich mit den Fingern.

Zhen zhu wan zi

SCHWEINEFLEISCH-REIS-BÄLLCHEN

FÜR 6 PERSONEN ALS VORSPEISE

---

150 g Klebereis
4 mittlere getrocknete chinesische Pilze, gewässert
mit kochendem Wasser bedeckend überbrüht und
20 Minuten eingeweicht
2 Tl getrocknete Krabben, gespült
4 Wasserkastanien, geschält
350 g Schweinefleisch, 1/3 fett
(Hals, Bauch ohne Schwarte),
2/3 mager (Keule)
1 1/2 Tl Salz
Weißer Pfeffer aus der Mühle
1 El Kartoffelstärke
50 g magerer gekochter Schinken

Den Reis in einer Schüssel mit den Fingern in frischem Wasser waschen. Das Wasser 3-4 mal wechseln, bis es nicht mehr milchig ist. Anschließend abgießen. Den Reis in reichlich frischem Wasser für 4 Stunden wässern. Gut abgießen und auf einem Backblech trocknen lassen. Die Pilze ausdrücken und in sehr kleine Stücke schneiden.

Die Krabben knapp mit Wasser bedecken und 10-15 Minuten kochen. Das Kochwasser aufheben. Krabben, Wasserkastanien und Schweinefleisch fein hacken.

Pilze, Krabben, Wasserkastanie und Schweinefleisch in einer großen Schüssel vermischen. Salz, Pfeffer und Kartoffelstärke unterarbeiten. Nach und nach 3 El Wasser und die Kochflüssigkeit der Krabben unterziehen.

Den gekochten Schinken in kleine Stückchen schneiden und mit dem Reis auf dem Backblech mischen.

Mit einem Esslöffel kleine Portionen von der Fleischmasse abstechen und mit den Händen zu Bällchen von der Größe eines Tischtennisballs formen. Die Bällchen im Reis wälzen und mit der Hand festdrücken. Auf einer feuerfesten Platte anrichten. Die Platte auf den Dämpfeinsatz eines großen Kochtopfs setzen. Einen gut sitzenden Deckel auf den mit Wasser gefüllten Kochtopf setzen und die Bällchen für 15 Minuten dämpfen. Für die angegebene Menge braucht es gut zwei Dämpfdurchgänge.

Die Schweinefleisch-Reis-Bällchen auf einer angewärmten Servierplatte heiß auf den Tisch bringen.

Sei gan bei song

FRITTIERTER CHINAKOHL

FÜR 4 PERSONEN

300 g Chinakohl
1 Prise Salz
1½ Tl Zucker
15 g Mandelsplitter
Erdnuss- oder Maisöl zum Frittieren

Die weißen Strünke aus dem Chinakohl schneiden. Die Blätter waschen und gründlich trocknen lassen. Jeweils einige Blätter übereinander legen und fest zusammenrollen. Von den Blätterrollen mit einem sehr scharfen Messer sehr feine Streifen abschneiden. Die Kohlstreifen auf einem Tablett noch einmal gründlich trocknen lassen (wenn möglich mehrere Stunden). Den Wok oder die Friteuse halb mit Öl füllen und auf 200 °C erhitzen. Die Hälfte der Kohlstreifen einfüllen und für 2 Minuten frittieren. Mit einem Schaumlöffel herausnehmen und auf Küchenpapier entfetten. Anschließend die zweite Portion in gleicher Weise frittieren. Abkühlen lassen, mit Salz und Zucker abschmecken und mit Mandeln garniert servieren.

Suppen

Suppen

Bereits im 3. Jahrhundert v. Chr. preist ein chinesisches Gedicht – das Gericht der Seele – den Duft einer Suppe von bitter-saurem Geschmack, und ein mittelalterlicher Dichter weiß von den touristischen Vorzügen köstlicher Suppe zu berichten:

Eine Schale gefüllt mit Fischsuppe kostet fast nichts,
Aber – wie in den Tagen der alten Hauptstadt –
Zaubert sie ein Lächeln aufs Gesicht des Reiches.
So kommen die Leute und zahlen das Doppelte:
Zum einen, weil sie die Geste des Reiches kaufen,
Zum anderen nur eine Schale mit Fischsuppe.

(Gedicht aus der Ming-Dynastie, 1368–1644)

Auch im China des 21. Jahrhunderts dreht sich alles um die Suppe, und das im wahrsten Sinn des Wortes. Sie bildet gewöhnlich den Mittel- oder Zielpunkt einer großen Speisetafel. Auf die Idee, eine Suppe als Vorspeise zu sich zu nehmen, kommt man in China selten. Die aromatische Brühe ist Balsam für den Magen und entspannt die Geschmacksnerven inmitten eines mehrgängigen Menüs, oder sie wird gar als krönender Abschluss gereicht.

Shang tang

FEINE HÜHNERBRÜHE

FÜR CA. 1,5 L

1¹/₂ Suppenhuhn (ca. 700 g)
700 g magerer Schweinehals
700 g gekochter Schinken oder milder
Räucherschinken

Das Suppenhuhn gründlich waschen, überschüssige Fettteile abschneiden.
Huhn, Schweinehals und Schinken in einen großen Kochtopf legen und knapp 3 Liter Wasser angießen. Das Wasser zum Kochen bringen und den aufsteigenden Schaum mit dem Schaumlöffel sorgfältig abschöpfen. Einen Deckel lose auflegen und die Hitze reduzieren. Die Brühe knapp unter dem Siedepunkt für 3 Stunden sanft köcheln lassen.
Am Ende der Garzeit, wenn die Flüssigkeit fast um die Hälfte eingekocht ist, die Brühe durch ein Küchentuch abseien. Die Brühe sollte bis zur weiteren Verwendung in einem verschließbaren Behälter im Kühlschrank aufbewahrt werden. Das Fleisch vorab mit dünner Sojasoße servieren.

Xiao bai cai wan zi tang

SCHWEINFLEISCHKLÖSSCHENSUPPE MIT CHINAKOHL

FÜR 4 PERSONEN

250 g Schweinehackfleisch
4 Frühlingszwiebeln, fein gehackt
3 cm frische Ingwerwurzel, geschält, fein gehackt
1 l Feine Hühnerbrühe [siehe Rezept S. 50]
1½ El dünne Sojasoße
½ El Kartoffelstärke
2 El Sherry, Medium Dry
Salz
500 g Chinakohl, gewaschen
2 El glatte Petersilie, fein gehackt

Lauchzwiebeln und Ingwer mit dem Hackfleisch vermischen. Sojasoße, Sherry, Salz und Kartoffelstärke unterarbeiten. Die Hackfleischmasse mit befeuchteten Händen zu Bällchen von 4 cm Durchmesser formen. Für mindestens eine halbe Stunde ruhen lassen.

Inzwischen die Chinakohlblätter in 3 cm lange Stücke schneiden. Zu der Hühnerbrühe in einen Topf geben und für eine ½ Stunde bedeckt köcheln lassen.

Die Schweinefleischbällchen in die Brühe setzen und sprudelnd kochen, bis die Klöße an die Oberfläche kommen.

Brühe mit Klößchen in Suppenschalen füllen und mit Petersilie bestreut zu Tisch bringen.

Ji rong ru mi tang

MAISSUPPE MIT EIERFLÖCKCHEN

1 Hähnchenbrust von ca. 175 g

Für die Marinade:
¼ Tl Salz
2 Tl dünne Sojasoße
1 Prise Weißer Pfeffer aus der Mühle
1 El Sherry, Medium Dry
1 Tl Maismehl
4 El Wasser
1 Tl Sesamöl
1 Tl Erdnuss- oder Maisöl

Für die Eierflöckchen:
1–2 Eier
2 Tl Erdnuss- oder Maisöl
½ Tl Salz
1200 ml Hühnerbrühe (s. S. 50)
2 x 280 g Zuckermaiskörner aus der Dose

Das Hähnchenfleisch in der Küchenmaschine fein zerhacken. In eine Schüssel geben. Salz, Sojasoße, Pfeffer und Sherry zum Hähnchen geben, mit Maismehl bestäuben und das Wasser esslöffelweise untermischen, bis das Hähnchenfleisch eine glatte Paste ergibt. Nach 15 Minuten Ruhezeit das Öl untermischen.

Die Eier aufschlagen und mit Öl und Salz verquirlen.

Die Hühnerbrühe aufkochen, die Zuckermaiskörner einer Dose hineingeben und kurz aufkochen lassen. Mit dem Pürierstab die Maiskörner in der Suppe pürieren. Die restlichen Maiskörner dazugeben und noch einmal aufkochen lassen. Die Hitze reduzieren und die Suppe leise am Köcheln halten, hin und wieder umrühren, damit nichts ansetzt.

Von der Suppe 6 El abnehmen und die Hähnchenpaste damit glatt rühren. Dann die Hühnerpaste zur Suppe geben. Noch eine gute Minute kochen lassen, bis das Fleisch gar ist. Hitze reduzieren.

Die gut verquirlte Eimasse über den Rücken einer Gabel in die Suppe laufen lassen, so ergeben sich feine Eierflöckchen. Wenn die Eier vollständig eingelaufen sind, den Topf vom Herd nehmen und den Deckel aufsetzen. Noch eine Minute ziehen lassen.

Yun tun

WANTAN-SUPPE

FÜR 6–8 PERSONEN

175 g Schweinefleisch, davon 25 g Fett
50 g rohe Krabben

Für die Marinade:
½ Tl Salz
1 Prise Zucker
½ El dünne Sojasoße
½ Tl dicke Sojasoße
½ Tl Schwarzer Pfeffer aus der Mühle
1 Tl Sherry, Medium Dry
½ Tl Kartoffelstärke
1 Tl Sesamöl
3 El Wasser

3 Frühlingszwiebeln, in Röllchen geschnitten
30 g Bambussprossen, fein gehackt
1 Eiweiß
40 Wantan-Teigfladen von 7 cm
Durchmesser aus dem Asia-Laden, TK, aufgetaut
1 Eiweiß
4 Blätter Chinakohl,
quer in 2,5 cm Streifen geschnitten
700 ml Hühnerbrühe
(s. Rezept S. 50)
40 ml Erdnuss- oder Maisöl

Bei Tisch:
Sojasoße
Pfeffer
Sesamöl

Das Schweinefleisch von Hand fein hacken oder durch die grobe Scheibe des Fleischwolfs drehen. In eine große Schüssel geben.
Die Krabben trocknen, in feine Streifen schneiden und zum Schweinefleisch geben.
Salz, Zucker, Sojasoße, Pfeffer, Sherry, Öl und Kartoffelstärke zum Schweinefleisch geben und untermischen. Das Wasser esslöffelweise einrühren.
Die Schweinfleischmischung möglichst 100-mal aus der Schüssel heben und kräftig zurückschleudern, damit die Masse glatt und konsistent wird.
Die Hälfte der Frühlingszwiebeln und alle Bambussprossen zur Fleischmasse geben, gut vermischen und 30 Minuten ziehen lassen.
Das Eiweiß unter die Fleischmasse mischen.
Die Wantan-Teigfladen auf die Handfläche legen, je einen Tl Fleischmasse in die Mitte setzen, die Ränder über der Masse zusammenfalten und mit einer Drehung zusammendrücken.
In einem Topf Salzwasser zum Kochen bringen und den Kohl für eine Minute blanchieren. Den Kohl aus dem Wasser heben und in einer Schüssel beiseite stellen.
In einem weiteren Topf die Brühe zum Kochen bringen.
Das Salzwasser wieder aufkochen und höchstens 20 Wantans einlegen, mit einem Stäbchen die Wantans vor dem Zusammenkleben bewahren. Nach etwa 3 Minuten sind die Wantans fertig und kommen an die Oberfläche.
Mit einem Schaumlöffel die Wantans abschöpfen und jeweils 10 Stück in ein Servierschälchen geben. Kohlstückchen und Öl darüber geben und mit der kochenden Brühe aufgießen.
Bei Tisch kann nach Belieben mit Sojasoße, Pfeffer oder Sesamöl nachgewürzt werden.

Suan la tong

SCHARF-SAURE SUPPE MIT SCHWEIN UND TOFU

FÜR 4 PERSONEN

---

50 g mageres Schweinefleisch

Für die Marinade:
1 Prise Salz
¹/₂ Tl dicke Sojasoße
schwarzer Pfeffer aus der Mühle
1 Tl Sherry, Medium Dry
¹/₂ Tl Kartoffelstärke
1 El Wasser
¹/₂ Tl Sesamöl

3 getrocknete chinesische Pilze, gewässert,
mit kochendem Wasser bedeckend überbrüht
und 20 Minuten eingeweicht
8 g getrocknete „Wolkenohren"-Morcheln,
gewässert, mit kochendem Wasser
bedeckend überbrüht, 20 Minuten eingeweicht
12 g getrocknete „Silber"-Pilze,
gewässert, mit kochendem Wasser
bedeckend überbrüht, 20 Minuten eingeweicht
200 g Tofu
1 Tl Kartoffelstärke
2 Tl Wasser
750 ml klare Brühe
1 Ei, verquirlt mit 1 Tl Öl und einer Prise Salz
25 g frisches Korianderkraut, in Stückchen

Zum Würzen:
1 Tl Salz
¹/₂ Tl Zucker
¹/₂ El dünne Sojasoße
¹/₂ El dicke Sojasauce
2 El Weißweinessig
³/₄ El gemahlener schwarzer Pfeffer
einige Tropfen Sesamöl

Das Schweinefleisch in sehr feine Streifen schneiden und in eine Schüssel geben. Salz, Sojasoße, Pfeffer und Sherry zum Fleisch geben, mit Kartoffelstärke bestäuben und das Wasser sorgfältig unterrühren. Für mindestens ¹/₂ Stunde ruhen lassen, dann das Sesamöl untermischen.

Die gewässerten Pilze ausdrücken und so dünne Scheibchen wie möglich schneiden. Die „Wolkenohren"-Morcheln und „Silber"-Pilze in ca. 6 cm lange Streifen schneiden.

Den Tofu in 5 mm dicke Scheiben, und dann in 2,5 cm mal 6 mm lange Streifen schneiden.

In einem kleinen Schälchen die Kartoffelstärke im Wasser auflösen.

Die Brühe in einen Topf geben, die Pilze hinzufügen und alles mit Salz, Zucker und Sojasoße würzen. Zum Kochen bringen und das Schweinefleisch zugeben. Mit Stäbchen beständig umrühren, damit das Schweinefleisch nicht zusammenklumpt.

Den Tofu dazugeben, und sobald die Brühe wieder zum Kochen beginnt, die angerührte Kartoffelstärke einrühren.

Das verquirlte Ei über den Rücken einer Gabel mit kreisförmiger Bewegung in die kochende Brühe laufen lassen. Vom Feuer nehmen und für eine Minute bei geschlossenem Deckel ruhen lassen.

Das frische Korianderkraut unterrühren. Mit Essig, Pfeffer und Sesamöl abschmecken und heiß servieren.

Yun nan qui guo ji

HÜHNCHEN IM YUNNAN-DAMPFTOPF

Der Dampftopf aus Yunnan ist ursprünglich eine Keramikschüssel mit einem kleinen Kamin in der Mitte. Mit seiner Hilfe kann man Suppen sehr schonend im Dampf garen. Da dieses ausgefallene Kochutensil in der westlichen Welt sehr schwer zu bekommen ist, kann man sich anderweitig behelfen: Man braucht eine große, innen und außen beschichtete Gugelhupfform von 2 Liter Fassungsvermögen (Durchmesser 22 cm) und einen passenden 4-Liter-Topf (Durchmesser 24 cm) mit Deckel, der die Gugelhupfform aufnehmen kann.

FÜR 4 PERSONEN

---

8 mittelgroße getrocknete chinesische Pilze, gewässert, mit kochendem Wasser bedeckend überbrüht, 20 Minuten eingeweicht
150 g roher Schinken
1 Brathähnchen (ca. 1 kg)
1 Tl Salz
Weißer Pfeffer aus der Mühle
1 dicke Scheibe geschälter Ingwer
1½ Frühlingszwiebeln, geviertelt
1 Tl Sherry, Medium Dry

Sojasoße nach Belieben

Die gewässerten Pilze ausdrücken, die Einweichflüssigkeit aufbewahren. Den Schinken in großzügige Scheiben schneiden. Das Hähnchen in Portionsstücke zerteilen: Mit einer Küchenschere oder einem scharfen Hackbeil werden die Flügel abgetrennt und im Gelenk noch einmal geteilt. Die Schenkel in der Mitte halbieren. Die Brust auf beiden Seiten auslösen und in jeweils 3 Stücke teilen. Die restlichen Fleischpartien stückweise auslösen.

In einem Topf reichlich Wasser aufkochen, die Hähnchenteile einlegen und erneut aufkochen. Aufsteigenden Schaum sorgfältig abschöpfen. Das Hähnchen für 2 Minuten aufkochen lassen, anschließend in ein Küchensieb geben und gut abspülen.

In die Gugelhupfform Pilze, Schinken und Hähnchenteile schichten. Salz, Pfeffer, Ingwer, Frühlingszwiebeln und Sherry dazugeben. Das Einweichwasser der Pilze angießen und bis etwa 2 cm unter den Rand mit Wasser auffüllen.

Den großen Kochtopf zu einem Drittel mit Wasser füllen, die Gugelhupfform in den Topf setzen, den Deckel auflegen. Das Wasser im Topf zum Kochen bringen. Sobald das Wasser kocht, die Hitze reduzieren, damit alles bei mittlerer Temperatur dämpfen kann. Nach 1 bis 1 ½ Stunden ist das Hähnchen durch und der Eintopf kann in Suppenschälchen zu Tisch gebracht und nach Belieben mit Sojasoße abgeschmeckt werden.

57

Do fu tang

TOFU-ERBSEN-SUPPE

FÜR 4 PERSONEN

2 x 200 g Tofu
100 g TK Erbsen
900 ml klare Brühe
dünne Sojasoße nach Belieben
Tl Erdnuss- oder Maisöl

Die beiden Tofustücke in jeweils 32 Würfelchen schneiden. Den Tofu in heißem Wasser 15 Minuten ziehen lassen. Vorsichtig im Sieb abtropfen lassen, damit die Würfel nicht beschädigt werden.

Die tiefgekühlten Erbsen unaufgetaut in einem Topf mit kochendem Salzwasser 3 Minuten blanchieren.

Die Brühe in einem Topf zusammen mit Tofu und Erbsen aufkochen. Mit Salz und wenig Sojasoße abschmecken und in Suppenschälchen auftragen.

Do fu yu tang

HEILBUTTBRÜHE MIT TOFU UND SCHWEINEFLEISCH

Diese Suppe ergänzt das Gericht mit gebratenem Heilbutt [siehe Rezept S. 68].

FÜR 4 PERSONEN

---

800 g Kopf und Karkasse eines kleinen Heilbutts
1 l Wasser
2,5 cm frische Ingwerwurzel,
geschält und leicht zerquetscht
2 große Frühlingszwiebeln, geviertelt
½ Tl Salz
100 g mageres Schweinefleisch

Für die Marinade:
½ Tl Salz
1 Prise Zucker
2 Tl dünne Sojasoße
Weißer Pfeffer aus der Mühle
1 Tl Sherry, Medium Dry
½ Tl Kartoffelstärke
1 El Wasser
2 El Erdnuss oder Maisöl

2 x 200 g Tofu, abgetropft
30 ml Erdnuss- oder Maisöl
25 g Zuckerschoten
3 Frühlingszwiebeln, nur die grünen
Teile in Röllchen geschnitten

Die Fischreste gründlich waschen und in eine große Pfanne setzen.
Wasser, Ingwer und geviertelte Frühlingszwiebeln dazugeben, salzen und zum Kochen bringen. Aufsteigenden Schaum mit dem Schaumlöffel gründlich abschöpfen. Die Hitze reduzieren und 30 Minuten leicht köcheln lassen. Den Fischsud durch ein feines Sieb oder Küchentuch abseien, die Reste entsorgen.
Das Schweinefleisch in dünne Scheiben schnetzeln und in eine Schüssel geben.
Salz, Zucker, Sojasoße, Pfeffer, Sherry, Kartoffelstärke und Wasser zum Schweinefleisch geben, gut vermischen und für 15 Minuten marinieren.
Den Tofu in feine Scheiben oder kleine Würfel schneiden.
Die Fischbrühe zum Kochen bringen, das Öl zugeben. Tofu und Zuckerschoten hinzufügen und kurz aufkochen lassen. Das Schweinefleisch beifügen und durch ständiges Rühren ein Zusammenkleben der Fleischstücke verhindern. Die Hitze reduzieren und für 1–2 Minuten, je nach Dicke der Fleischstückchen, leicht köcheln lassen.
Den Topf vom Herd ziehen und die Frühlingszwiebelröllchen einstreuen.
In Suppenschälchen heiß servieren.

Ji yu luo bo tang

KARPFENSUPPE MIT RETTICH

FÜR 4 PERSONEN

4 El Schweineschmalz
250 g weißer Rettich, in Juliennestreifen gehobelt
1 kleiner Karpfen, ca. 500 g, geschuppt,
ausgenommen, gewaschen
1 l klare Brühe (Fertigprodukt)
2 Scheiben frische Ingwerwurzel, geschält
1 El Essig
1 Tl Salz
Pfeffer aus der Mühle

2 El Schweineschmalz im Wok oder einer beschichteten Pfanne erhitzen, die Rettichstreifen kurz anbraten und aus dem Topf heben. Die restlichen 2 El Schmalz erhitzen und den Karpfen gut von beiden Seiten anbraten, bis er eine schöne goldbraune Färbung bekommen hat. 1 l Brühe angießen, kurz aufkochen. Den Rettich und die Ingwerscheiben dazugeben und 30 Minuten köcheln lassen.

Mit Essig, Salz und Pfeffer abschmecken.

Den Fisch enthäuten und das Karpfenfleisch auslösen. Portionsweise auf Schälchen verteilen und die Brühe darüber gießen.

Lao jiang rou pian tang

INGWER-SUPPE MIT MORCHELN UND SCHWEINEFLEISCH

FÜR 4 PERSONEN

---

15 g getrocknete Morcheln, gewässert,
mit kochendem Wasser bedeckend
überbrüht und 20 Minuten eingeweicht
175 g mageres Schweinefleisch
3 El Erdnuss- oder Maisöl
50 g frische Ingwerwurzel, geschält, in feine
Scheiben gehobelt
1 El Sherry, Medium Dry
2 Tl dünne Sojasoße
1 l klare Brühe
1/2 Tl Salz
3 Frühlingszwiebeln, in Stücke geschnitten

Überschüssiges Wasser aus den Morcheln drücken. Größere Stücke zerpflücken.

Das Schweinefleisch in feine Streifen schnetzeln. Den Wok stark erhitzen, das Öl zugeben. Den Ingwer hinzufügen und einige Male durch das heiße Öl ziehen. Das Schweinefleisch für 30 Sekunden unter Rühren anbraten. Die Hitze reduzieren, die Morcheln dazugeben und weitere 30 Sekunden rühren.

Sherry, Sojasoße und Brühe angießen und salzen. Die Brühe zum Kochen bringen, aufsteigenden Schaum mit dem Schaumlöffel sorgfältig abschöpfen. Die Hitze reduzieren und die Suppe 15 Minuten leicht köcheln lassen. Noch einmal abschmecken, zum Schluss die Frühlingszwiebeln zugeben und den Wok vom Herd nehmen. In Suppenschälchen zu Tisch bringen.

Fisch und Meeresfrüchte

Fisch und Meeresfrüchte

"Ein großes Königreich lenken, ist wie einen kleinen Fisch kochen."
(Man muss vorsichtig sein und darf nichts übertreiben.)
Lao-Tse (6. Jhdt. v. Chr.)

Vom Japanischen Meer im Norden bis zum Südchinesischen Meer besitzt China eine Küstenlinie von 4800 Kilometern. An Seefisch und Meeresfrüchten herrscht also wahrlich kein Mangel. Trotzdem bevorzugen Chinesen traditionell Süßwasserfische.

Einer der beliebtesten Vertreter der Süßwasserfische ist der Karpfen. Auch wenn die Behauptung, der Karpfen wäre von China aus nach Europa gelangt, eine schöne Legende ist, so sind die Chinesen doch die Ersten, die diesen wohlschmeckenden Vertreter aus der Gruppe der Cypriniden bereits seit dem 5. Jahrhundert v. Chr. durch Fisch-zucht veredelt und der Nahrungsmittelproduktion zugeführt haben. Erinnert sei hier vor allem an die Kunst der Karpfenzucht in großen Teichanlagen.

Jian quing yu

SAUTIERTE MAKRELE

ALS HAUPTGANG FÜR 2 PERSONEN

*1 große Makrele von ca. 800 g,
ausgenommen und gewaschen
$^1/_2$ Tl Salz
250 ml Erdnuss- oder Maisöl
6 dünne Scheibchen frischer Ingwer, geschält
1 cm frische, geschälte Ingwerwurzel,
mit dem feinen Juliennemesser in
hauchdünne Streifen geschält
5 Frühlingszwiebeln, in feine Röllchen geschnitten*

*Für die Soße:
1 El dünne Sojasoße
1 El dicke Sojasoße
$^1/_2$ Tl Zucker
2 El Sherry, Medium Dry*

Die Makrele zwischen Kopf und Schwanz aufschneiden. Innen und außen mit Salz abreiben, 15 Minuten stehen lassen.
Für die Soße Sojasoße, Zucker und Sherry vermischen.
Den Wok stark erhitzen, bis er raucht. Das Öl dazugeben und durch leichtes Schaukeln am Wok über die gesamte Innenfläche verteilen. Das Öl bis auf ca. 3 El in einen Aufbewahrungsbehälter zurückschütten (Vorsicht: Verbrennungsgefahr!).
Das verbliebene Öl im Wok erneut erhitzen, die Ingwerscheibchen ausbraten, bis sie schön braun sind, herausheben und entsorgen. Die Hitze reduzieren. Wenn das Öl etwas abgekühlt ist, die Makrele in den Wok setzen. Auf jeder Seite etwa 5 Minuten braten, bis die Haut gebräunt ist. 1 El Öl über die Ränder der Makrele gießen und auf beiden Seiten noch einmal jeweils 3 Minuten

66

braten. Die Soße über den Fisch gießen und die Ingwer-Streifen darüber streuen. Den Wok mit einem Deckel schließen und für weitere 3 Minuten kochen lassen. Die Frühlingszwiebeln dazugeben und einige Sekunden mitkochen lassen. Den Fisch auf einer vorgewärmten Servierplatte anrichten. Die Frühlingszwiebeln aus der Soße schöpfen und über den Fisch geben. Mit Soße beträufelt servieren.

Chao yu quiu

GEBRATENES HEILBUTT-FILET

Den Heilbutt für dieses Rezept vom Fischhändler filetieren und enthäuten lassen. Den restlichen Heilbutt kann man für eine köstliche Fischsuppe verwenden [siehe Rezept S. 59].

ALS NEBENGERICHT FÜR 4 PERSONEN

500 g Heilbuttfilet
1 Tl Salz
1 Tl Öl

Für die Marinade:
2,5 cm frische Ingwerwurzel,
geschält und fein gehackt
1 Prise Salz
1 Prise Zucker
Weißer Pfeffer aus der Mühle
1 Tl Sherry, Medium Dry
1 1/2 Tl Maisstärke
1 El verquirltes Eiweiß

Für die Soße:
1/2 Tl Kartoffelstärke
3 El klare Brühe
2 El Austernsoße
1 Tl dünne Sojasoße

225 g Zuckerschoten, geputzt
Erdnuss- oder Maisöl zum Braten
2 Knoblauchzehen in feine Scheibchen gehobelt
6 dünne Scheibchen frische Ingwerwurzel, geschält
2 Frühlingszwiebeln,
geputzt und gehackt
1 El Sherry, Medium Dry

Das Heilbuttfilet waschen, trockentupfen, halbieren und in Streifen von etwa 2,5–3,5 cm schneiden. In eine Schüssel geben.

Den gehackten Ingwer in eine Knoblauchpresse geben und mit etwas Wasser über den Fisch drücken. Die Ingwerreste entsorgen.

Salz, Zucker, Pfeffer, Sherry, Maisstärke und Eiweiß gut mit dem Fisch vermischen. 15 Minuten ziehen lassen.

Kartoffelstärke, Brühe, Austern- und Sojasoße verrühren.

In einer großen Pfanne Wasser zum Kochen bringen. 1 Tl Salz und 1 El Öl hinzufügen. Die Zuckerschoten dazugeben. Sobald das Wasser wieder kocht, in ein Sieb abgießen und mit kaltem Wasser abschrecken. Gut abtrocknen.

Den Wok gut zur Hälfte mit Öl füllen und auf 180 C° erhitzen. Den Fisch mit langen Stäbchen für 10 Sekunden durch das heiße Öl rühren. Mit den Stäbchen verhindern, dass der Fisch zusammenklebt. Mit einem Schaumlöffel auf einen Teller heben.

Bis auf 3 El das heiße Öl in einen Behälter füllen (Vorsicht: Verbrennungsgefahr!).

Das verbliebene Öl im Wok wieder stark erhitzen. Den Knoblauch kurz anbraten, Ingwer und Frühlingszwiebeln dazugeben und einige Sekunden mitbraten. Den Fisch zurück in den Wok legen und 30 Sekunden mit Stäbchen pfannenrühren. Den Sherry angießen und weiterrühren, dann die Soße dazugeben. Weiterrühren, während die Soße langsam eindickt. Die Zuckerschoten zum Schluss unterrühren und kurz mitkochen. Den Fisch auf einer warmen Platte mit der Soße anrichten.

Fan quie chao xia quiu

FISCHFILET SÜSS-SAUER

FÜR 4 PERSONEN

500 g festes Fischfilet
(Rotbarsch, Kabeljau, Lachs), enthäutet
Salz
120 g Karotten, geputzt, in Scheiben gehobelt
120 g Erbsen
120 g Zuckerschoten, geputzt

Für die Soße:
2 El Frühlingszwiebeln, in
feine Röllchen geschnitten
300 ml Hühnerbrühe
1 El dünne Sojasoße
2 El Sherry, Medium Dry
1¹/₂ El Tomatenmark
2 El Weißweinessig
2 El Zucker
2 Tl Maisstärke, verrührt mit 2 Tl Wasser

120 g Maisstärke
500 ml Erdnussöl zum Frittieren

Die Fischfilets mit einem scharfen Messer rautenförmig einritzen.

Einen großen Kochtopf mit Wasser zum Kochen bringen. Karotten, Erbsen und Zuckerschoten 4 Minuten in kochendem Wasser blanchieren. In kaltem Wasser abschrecken und gut abtropfen lassen.

Die Zutaten für die Soße in einem Topf erhitzen. Bevor der Sud kocht, die mit Wasser angerührte Maisstärke einlaufen lassen und gut umrühren, während die Soße eindickt. Das blanchierte Gemüse dazugeben und, sobald die Soße kocht, den Topf vom Feuer ziehen.

Den Fisch in der Maisstärke wälzen und überschüssige Stärke abschütteln.

Das Erdnussöl im Wok stark erhitzen. Den Fisch portionsweise schwimmend ausbacken, bis er goldbraun ist. Mit einem Stäbchen verhindern, dass die Fischstücke aneinander kleben. Anschließend die Fischfilets auf Küchenpapier entfetten.

Wenn alles Fischstücke frittiert sind, die Gemüsesoße wieder erhitzen. Zum Servieren den Fisch auf einer gewärmten Platte anrichten und die Soße angießen.

Gan sao ji yu

KARPFEN SÜSS-SAUER

FÜR 2–3 PERSONEN

---

1 kleiner Karpfen (ca. 600),
geschuppt, ausgenommen
4 Frühlingszwiebeln, in feine Röllchen geschnitten
2 Knoblauchzehen, geschält, durchgepresst
2 cm frische Ingwerwurzel, geschält, fein gehackt oder
gerieben
1 El helle Sojasoße
4 El Erdnussöl
1½ El Sherry, Medium Dry
200 ml Hühnerbrühe
1 Tl Zucker
1 Tl Weißweinessig

Den Karpfen waschen, trockentupfen. Mit einem scharfen Messer pro Seite 4 Schnitte in Haut und Fleisch ritzen, aber nicht bis auf die Gräten schneiden. Eine schwere, beschichtete Pfanne auf großer Flamme erhitzen und das Öl angießen. Den Karpfen ins heiße Öl setzen und auf beiden Seiten goldbraun ausbraten. Wenn der Fisch zu schnell bräunt, die Hitze etwas reduzieren. Er muss durchgebraten sein. Eventuell mit einem Zahnstocher an einer fleischigen Stelle bis auf die Gräten durchstechen, es darf kein rosa Saft mehr austreten. Nach dem Garen aus der Pfanne heben und auf einer gewärmten Platte warm halten.

Knoblauch und Ingwer in Öl kurz anbraten, dann mit dem Sherry ablöschen. Sojasoße und Hühnerbrühe dazugeben, gut umrühren und locker bedeckt einkochen lassen, bis die Soße um die Hälfte eingekocht ist. Dann Zucker und Essig einrühren. Die Frühlingszwiebeln dazugeben und einrühren. Zum Schluss den Fisch kurz in die Soße setzen und auf einer gewärmten Servierplatte mit Soße begossen servieren.

Dou zhi zhen yu

GEDÄMPFTE FORELLE MIT SCHWARZEN BOHNEN UND KNOBLAUCH

FÜR 4 PERSONEN

2 ganze Forellen (je 350 g),
ausgenommen und gewaschen
4 dünne Scheiben Ingwerwurzel, geschält
2 El schwarze Bohnenpaste (Fertigprodukt)
6 Knoblauchzehen, geschält und fein gehackt
3 Frühlingszwiebeln, in feine Röllchen geschnitten
4 El Erdnuss- oder Maisöl
2 El dicke Sojasoße

Den gewaschenen Fisch trockentupfen. Auf eine feuerfeste Servierplatte mit leichtem Rand legen. Jeweils 2 Ingwerscheibchen in die Bauchhöhle der Forellen stecken.
Die Schwarze-Bohnen-Paste mit dem Knoblauch vermischen und die Forellen mit der Masse bestreichen.

Reichlich Wasser in einem großen Topf oder einer Kasserolle zum Kochen bringen. Die Servierplatte mit dem Fisch in einen großen Wok oder auf den Dämpfeinsatz einer großen Kasserolle setzen. Den Wok auf den Kochtopf oder den Dämpfeinsatz in die Kasserolle setzen. Bei geschlossenem Deckel für 6–8 Minuten dämpfen, bis der Fisch gar ist und das Fleisch sich leicht von den Gräten lösen lässt. Dann vom Feuer nehmen, Deckel aber noch geschlossen halten.
Den Fisch auf eine vorgewärmte Platte legen, die obere Haut samt Bohnenpaste entfernen, aber nicht entsorgen. Etwas von der Schwarze-Bohnen-Paste erneut auf den Fisch streichen.
Die Frühlingszwiebelröllchen mit stark erhitztem Öl übergießen und auf dem Fisch verteilen.
Sojasauce zum Fisch reichen.

Jiu lin yu pian

SCHOLLE IN WEINSOSSE

FÜR 4 PERSONEN

700 g Schollen oder Flunderfilet, ohne Haut

Für die Marinade:
½ Tl Salz
1 Prise Zucker
Weißer Pfeffer
1 Eiweiß, verquirlt mit 1 El Maisstärke

2 El getrocknete Morcheln, gewässert,
mit kochendem Wasser bedeckend
überbrüht und 20 Minuten eingeweicht
Erdnuss- oder Maisöl zum Frittieren
4 Knoblauchzehen, geschält und fein gehackt
1 cm frische Ingwerwurzel, geschält und fein gehackt

Für die Soße:
1 Tl Salz
1 El Maisstärke
150 ml halbtrockener Weißwein
150 ml klare Brühe

Den gewaschenen Fisch trockentupfen. Jedes Filet der Länge nach halbieren und dann in 5 cm breite Streifen schneiden. In eine Schüssel geben.

Salz, Zucker, Pfeffer und Eiweiß-Maisstärke-Mischung zum Fisch geben, gut durchmischen. Abgedeckt im Kühlschrank für eine Stunde marinieren.

Für die Soße Salz, Maisstärke, Wein und Brühe gut verrühren.

Die gewässerten Morcheln gründlich ausdrücken.

Das Öl im Wok auf 110 °C erhitzen. Den Fisch vorsichtig ins Öl heben, für 1-2 Minuten braten bei gelegentlichem Umrühren, damit der Fisch nicht zusammenklebt. Wenn der Fisch glasig wird, vorsichtig mit einem Schaumlöffel aus dem Wok heben, die Fischstücke dürfen dabei nicht zerfallen. Bis auf 3 El das Öl in einen Behälter abgießen (Vorsicht. Verbrennungsgefahr!).

Das verbleibende Öl erhitzen, bis es raucht. Nacheinander Knoblauch, Ingwer und Morcheln zugeben und gut durchrühren. Nach einer kurzen Weile die gut verrührte Soße einlaufen lassen. Langsam zum Kochen bringen, dann den Fisch zurück in den Wok geben und gründlich erwärmen. Die Scholle auf einer gewärmten Servierplatte zu Tisch bringen.

Chen zhe ji yu

KARPFEN IN MANDARINENSOSSE

FÜR 4 PERSONEN

---

1 Mandarinenschale, ungespritzt, abgerieben
1 Karpfen (ca. 1300 g), geschuppt, ausgenommen,
gewaschen
2 Tl Salz
4 El Maisstärke
500 ml Erdnussöl
2 cm frische Ingwerwurzel, geschält, fein gehackt
2 Schalotten, fein gehackt
2 ¹/₂ Tl Knoblauch, fein gehackt
3 ¹/₂ El Sherry, Medium Dry
1 El Schwarze-Bohnen-Soße
2 El dünne Sojasoße
1 El Zucker
6 El Hühnerbrühe

Die Mandarinenschale mit einem feinen Juliennemesser abziehen und die Streifchen noch einmal fein hacken.

Den Fisch an beiden Seiten mit einem Messer je dreimal leicht einschneiden und mit Salz einreiben. Von beiden Seiten mit der Maisstärke bestäuben.

Das Öl in einer großen beschichteten Pfanne oder im Wok erhitzen. Den Fisch von beiden Seiten für je 4-6 Minuten braten, bis er rundum gebräunt ist. Auf Küchenpapier entfetten.

Bis auf 2 El das Öl aus dem Wok in einen Behälter abgießen (Vorsicht: Verbrennungsgefahr!) und wieder erhitzen. Mandarinenschale, Knoblauch, Ingwer und Schalotten ins Öl geben und für 30 Sekunden pfannenrühren. Sherry, Bohnensoße, Sojasoße, Brühe und Zucker dazugeben und gut umrühren. Den Fisch zurück in den Wok legen und bedeckt 8 Minuten köcheln lassen. Heiß servieren.

Xia chao fan quie zhe

GEBRATENE KRABBEN IN TOMATENSOSSE

FÜR 4 PERSONEN

*400 g tiefgefrorene
rohe Krabben mit Schale, ohne Kopf
1/2 Tl Salz
450 g Tomaten
150 ml Erdnuss- oder Maisöl
10 Knoblauchzehen, geschält, fein gehackt
8 Frühlingszwiebeln, gehackt
das Weiße und Grüne getrennt
4 Tl dünne Sojasoße
1 Tl Zucker
1 Tl Kartoffelstärke, aufgelöst in 2 El Wasser*

Die tiefgefrorenen Krabben vollständig auftauen. Die Schale der Krabben entfernen und gegebenenfalls bei größeren Exemplaren die Innereien herausnehmen (Krabben längs halb aufschneiden und mit einem Küchenmesser die Innereien entfernen). In eine Schüssel geben. Die Krabben mit der Hälfte vom Salz bestreuen, und 15 Minuten ziehen lassen.

Die Tomaten mit reichlich kochendem Wasser überbrühen und 10 Minuten im Wasser ruhen lassen. Tomaten enthäuten und in Scheiben schneiden.

Den Wok bei großer Hitze erwärmen, bis er raucht. Das Öl hinzugeben und über die gesamte Wokfläche schwappen lassen. Den Knoblauch und die Hälfte der weißen Teile der Frühlingszwiebel im Öl unter gelegentlichem Rühren für 20 Sekunden anbraten. Die Krabben dazugeben und mit dem Holzspatel eine Minute durch das heiße Öl rühren. Wenn die Krabben rosa sind, mit einem Schaumlöffel auf eine warme Platte heben.

Die übrigen weißen Frühlingszwiebeln und die Tomatenscheiben in den Wok geben, gut umrühren. Mit dem restlichen Salz, Sojasoße und Zucker abschmecken. Den Deckel auflegen und 2-3 Minuten bei mittlerer Hitze kochen lassen.

Dann die aufgelöste Kartoffelstärke angießen. Die Krabben mit dem Grünen der Frühlingszwiebeln zurück in den Wok geben. Die Hitze noch einmal erhöhen, alles unter ständigem Rühren noch einmal gut erwärmen. Auf einer warmen Servierplatte anrichten und auftragen.

Chuan we chao xian you

GEBRATENER TINTENFISCH NACH SEZUAN-ART

FÜR 4 PERSONEN

500 g Tintenfisch
1 Eiweiß, verquirlt
2 El Öl
2 Tl Maisstärke
500 ml Erdnussöl zum Frittieren
2 Knoblauchzehen, fein gehackt
2 cm frische Ingwerwurzel, geschält und fein gehackt
1 rote Paprikaschote, gewaschen, ohne Kerne,
in Streifen geschnitten
4 Frühlingszwiebeln, gewaschen,
in dünne Streifen von 3 cm Länge geschnitten
1 Tl scharfen, geriebenen Meerrettich
6 El Hühnerbrühe
1/2 Tl Sesamöl

Die Köpfe der Tintenfische abtrennen. Eventuell die Fangarme herausziehen und in 2 cm lange Stücke schneiden. Die Tube zur Hälfte längs aufschneiden, den Chitinteil herausziehen, die Innereien entfernen. Die rote Haut so gut es geht abziehen. Den Tintenfisch gut abspülen. Die Tube flach auf ein Brett legen und das Fleisch an der Oberfläche mit einem scharfen Messer rautenförmig einschneiden. Anschließend in 5 x 2,5 cm lange Stücke schneiden. In eine Schüssel geben.

Eiweiß, Öl und 1 1/2 Tl Maisstärke mit den Tintenfischstücken mischen. Bedeckt 30 Minuten im Kühlschrank ziehen lassen.

Das Erdnussöl im Wok auf 140 °C erhitzen. Den Tintenfisch ins heiße Öl geben und in weniger als einer Minute braten, bis das Fleisch sich wellt und ganz weiß geworden ist. Mit einem langen Stäbchen ständig rühren, damit die Tintenfischteile nicht zusammenkleben. Den Tintenfisch mit einem Schaumlöffel aus dem Wok in eine Schüssel heben.

Bis auf 3 El das Öl aus dem Wok in einen Behälter gießen (Vorsicht: Verbrennungsgefahr!). Im restlichen Öl Knoblauch, Ingwer, Paprika und Frühlingszwiebeln unter ständigem Rühren etwa eine Minute anbraten. Den Meerrettich dazugeben, einmal umrühren. Die Brühe angießen und zum Kochen bringen. Mit dem restlichen 1/2 Tl Maisstärke, angerührt mit 2 Tl kaltem Wasser, binden.

Den Tintenfisch zurück in den Wok geben, das Sesamöl darüber geben, gut umrühren und heiß auf den Tisch bringen.

Huang gua mu er chao xia

GARNELEN MIT GURKEN UND BAUMPILZEN

FÜR 4 PERSONEN

Für die Marinade:
¹/₂ Eiweiß, leicht verquirlt
1 Tl Salz
¹/₂ Tl Pfeffer aus der Mühle
2 Tl Maisstärke

250 g frische Garnelen, ohne Köpfe,
geschält, ausgenommen
250 ml Erdnussöl zum Frittieren

Für die Soße:
1 El dünne Sojasoße
2 Tl Austernsoße
2 Tl chinesischer Reiswein
2 Tl Maisstärke
90 ml Hühnerbrühe

160 g Salatgurke, halbiert, entkernt,
in feine Scheiben geschnitten
1 Tl Knoblauch, geschält, fein gehackt
1 Tl frische Ingwerwurzel, geschält, fein gehackt
10 getrocknete schwarze Baumpilze,
mit kochendem Wasser bedeckend überbrüht
und 20 Minuten eingeweicht

Für die Marinade das Eiweiß mit Salz, Pfeffer und Maisstärke verrühren.

Die Garnelen in dieser Marinade im Kühlschrank 30 Minuten ziehen lassen.

Das Öl im Wok erhitzen. Die abgetropften Garnelen für 20 Sekunden pfannenrühren, bis sie eine rosa Farbe bekommen haben.
Herausnehmen und beiseite stellen.

Die Zutaten für die Soße mischen. Die Maisstärke mit dem Reiswein glatt rühren. Sojasoße, Austernsoße und Hühnerbrühe dazugeben und gut verrühren.

Bis auf 2 El das Öl aus dem Wok abgießen (Vorsicht: Verbrennungsgefahr!) und erneut erhitzen. Die Gurkenscheiben für 30 Sekunden pfannenrühren. Herausnehmen und beiseite stellen.

Erneut 2 El Öl im Wok erhitzen, Knoblauch und Ingwer anbraten. Wenn der Knoblauch beginnt, Farbe zu nehmen, Garnelen, Gurken und Pilze dazugeben und mit der Soße ablöschen. Für 15 Sekunden unter ständigem Rühren aufkochen lassen, bis die Soße eindickt und die Zutaten gut erwärmt sind.

Fleisch
und
Geflügel

Fleisch und Geflügelgerichte

Unter den Fleischlieferanten ist in China das Schwein seit alters her sehr beliebt. Eine Zubereitung für eingelegtes Schweinefleisch datiert aus dem 4. Jahrhundert v. Chr., ein erstes Rezept über gefülltes Spanferkel ist aus dem Jahr 206 v. Chr. überliefert. Das Lamm hingegen eroberte erst zu Zeiten der Mongolenherrschaft, also im 14. Jahrhundert den chinesischen Speiseplan, der Verzehr von Rindfleisch ist eine Mode der letzten 200 Jahre. Beim Geflügel gibt nicht etwa die Königin unter den chinesischen Gerichten, die Pekingente, den Ton an, sondern das Hähnchen mit seinem zarten und weißen Fleisch, das sich auf so vielfältige Weise zubereiten lässt.

Suan yang rou

MONGOLISCHER FEUERTOPF (LAMMFONDUE)

FÜR 4 PERSONEN

1,2 kg Lammkeule, entbeint, von Fett befreit
100 g Glasnudeln
800 g Chinakohl, gewaschen
225 g Eiernudeln

Für die Soße:
120 ml Sesampaste, im Glas gerührt
60 ml Süße-Bohnen-Paster (siehe Seite 166)
90 ml Sherry, Medium Dry
120 ml dünne Sojasoße
3 El scharfes Chiliöl
4 El Sesamöl
4 Tl Fischsoße

100 g frisches Korianderkraut,
die Blättchen fein gehackt
12 Frühlingszwiebeln, in dünne Röllchen geschnitten

Die Lammkeule wenn möglich für 3-4 Stunden im Tiefkühlfach anfrieren lassen, damit das Fleisch später leichter in hauchdünne Scheiben zu schneiden ist.

Die Glasnudeln mit reichlich kochendem Wasser überbrühen und mindestens 30 Minuten im Wasser ziehen lassen. Abgießen und 2–3-mal mit der Schere durchschneiden.

Den Chinakohl in 2,5 cm breite Streifen schneiden und auf eine Platte geben.

Die Eiernudeln in kochendem Wasser in der angegebenen Zeit ‚al dente' kochen. Abgießen und unter kaltem Wasser abschrecken. In eine Schüssel geben.

Für die Soße die Sesampaste im Glas sorgfältig anrühren, in eine Schüssel geben und mit 120 ml Wasser glatt rühren. Die Süße-Bohnen-Paste mit 60 ml Wasser glatt rühren und zur Sesampaste geben. Zusammen mit Sherry, Sojasoße, Chili- und Sesamöl und Fischsoße gut verrühren und abschmecken.

Das Lammfleisch aus dem Tiefkühlfach nehmen, überschüssiges Fett abschneiden und dann die Keule mit einem scharfen Messer in möglichst hauchdünne Scheiben (10 x 4 cm) schneiden. Auf einer Servierplatte überlappend anrichten und bis zur weiteren Verarbeitung mit Folie abgedeckt im Kühlschrank aufbewahren.

Alle Zutaten auf dem Esstisch anrichten (Soße, Korianderkraut, Frühlingszwiebelröllchen, Fleisch, Chinakohl, Nudeln). Für jede Person eine Essschale und einen kleinen Teller auf- decken.

Den Fleischfonduetopf gut zur Hälfte mit kochendem Wasser füllen und wieder zum Kochen bringen.

Jeder füllt sich etwas Soße in seine Schale und überstreut sie mit Korianderkraut und Frühlings- zwiebelröllchen. Mit Hilfe von Bambusstäbchen oder speziellen Fonduekörbchen aus Draht, die man im China-Laden bekommt, taucht jeder ein bis zwei Fleischscheiben für ein paar Sekunden ins kochende Wasser (je nachdem, wie dick die Fleischscheiben sind, oder wie stark durchgegart sie sein sollen). Das gegarte Fleisch wird anschließend in die Soße getunkt und ver- speist.

Wenn die Hälfte des Lammfleischs verbraucht ist, den Chinakohl und die Nudeln portions- weise in den Fonduetopf geben und nach einer Weile ebenfalls mit Soße zum Fleisch essen. Wenn nötig, zwischendurch etwas Wasser auffüllen.

Den krönenden Abschluss bildet die köstliche Brühe, in die sich das Wasser im Fonduetopf ver- wandelt hat. Man vermischt sie mit der Soße und trinkt sie aus der Schale.

Cong bao yang rou

GESCHNETZELTES VOM LAMMFILET MIT
FRÜHLINGSZWIEBELN

FÜR 4 PERSONEN

---

*350 g Lammfilet am Stück,
von Sehnen und Fett befreit*

*4 El Erdnuss- oder Maisöl
2 Knoblauchzehen, geschält, in dünne Scheibchen
geschnitten
225 g Frühlingszwiebeln, gewaschen,
der Länge nach in feine Streifen geschnitten
Sesamöl zum Abschmecken*

*Für die Marinade:
2 Tl dünne Sojasoße
2 Tl Sherry, Medium Dry*

*Für die Soße:
¹/₄ Tl Salz
¹/₂ Tl Zucker
2 Tl dicke Sojasoße
2 Tl Sherry, Medium Dry
1 Tl Sesamöl*

Das Lammfilet am besten für 2 Stunden in die Tiefkühltruhe geben, damit man es später leichter in hauchdünne Scheiben schneiden kann. Mit einem scharfen Messer das Lammfilet in möglichst dünne Scheiben schneiden. Das Fleisch trockentupfen und in einer Schüssel beiseite stellen.

Als Marinade die Sojasoße und den Sherry zum Fleisch geben und mindestens 30 Minuten ziehen lassen.

Für die Soße Salz, Zucker, Sojasoße, Sherry und Sesamöl in einem Schüsselchen anrühren.

Den Wok stark erhitzen, bis er raucht. Das Öl angießen und durch Schwenken verteilen. Den Knoblauch dazugeben und unter Rühren braten bis er beginnt Farbe anzunehmen. Das Lammfleisch dazugeben und unter ständigem Rühren für 20–30 Sekunden anbraten. Die Soße angießen und gut verrühren. Die Frühlingszwiebeln dazugeben und alles unter Rühren braten, bis die Zutaten einen Großteil der Soße aufgenommen haben und das Lamm durch ist.

Auf einer gewärmten Servierplatte anrichten und mit etwas Sesamöl übergießen.

Xiang mang niu rou

GEBRATENES RINDERFILET MIT MANGO

FÜR 4 PERSONEN

450 g Rinderfilet, von Sehnen und Fett befreit

1 große, nicht zu reife Mangofrucht
4 Knoblauchzehen, geschält, fein gehackt
4 Frühlingszwiebeln, gewaschen,
in 2,5 cm langene Stücke geschnitten,
das Weiße und Grüne getrennt
2 cm frische Ingwerwurzel, geschält, mit
Juliennemesser in feine Streifchen geschnitten
1 El Sherry, Medium Dry

Für die Marinade:
1/2 Tl Salz
1/2 Tl Zucker
1 Tl dünne Sojasoße
1 Tl dicke Sojasoße
1 Tl Sherry, Medium Dry
Schwarzer Pfeffer aus der Mühle
1 1/2 Tl Kartoffelstärke
2 El Wasser

Für die Soße:
1/2 Tl Kartoffelstärke
2 Tl Austernsoße
1 Tl dünne Sojasoße
3 El Wasser

Erdnuss- oder Maisöl zum Ausbraten

Das Rinderfilet gegen die Faser in Streifen von 5 cm Länge und 1 cm Dicke schneiden. Mit der flachen Seite eines schweren Messers die Filetscheiben weich klopfen. Das Fleisch in eine Schüssel geben.
Für die Marinade Salz, Zucker, Sojasoßen, Sherry und Pfeffer mit dem Fleisch vermischen.

Mit der Kartoffelstärke bestäuben und das Wasser esslöffelweise zufügen. Dabei immer gut in eine Richtung umrühren, damit sich die Marinade vollständig mit dem Fleisch verbindet. Im Kühlschrank 30 Minuten ziehen lassen.
Die Mango schälen, das Fruchtfleisch vom Kern schneiden und in feine Streifen schneiden.
Für die Soße die Kartoffelstärke mit Wasser, Austern- und Sojasoße in einer Tasse anrühren.
Den Wok zur Hälfte mit Öl füllen und auf 180 °C erhitzen. Das Fleisch ins Öl geben und mit einem Holzlöffel oder Holzstäbchen 30 Sekunden umrühren, damit die Fleischstücke nicht zusammenkleben. Mit einem Schaumlöffel herausheben und auf einen gewärmten Teller geben.
Bis auf 3 El das Öl aus dem Wok abgießen (Vorsicht! Verbrennungsgefahr!) und wieder erhitzen, bis das Öl raucht. Nacheinander den Knoblauch, das Weiße der Frühlingszwiebeln und den Ingwer zugeben und unter Rühren braten. Das Fleisch wieder in den Wok geben und 30 Sekunden mitbraten. Den Sherry angießen. Wenn das Rindfleisch ‚medium' gewünscht wird, muss nach kurzem Aufkochen aus dem Wok, ansonsten lässt man es noch eine kurze Weile ziehen. Den Wokinhalt in eine gewärmte Schüssel geben und warm stellen.
Einen weiteren El Öl im Wok erhitzen und durch Schwenken verteilen. Den Mango dazugeben und bei geschlossenem Deckel und milder Hitze für etwa 1 Minute braten. Die Soße angießen. Sobald alles köchelt, das Grüne der Frühlingszwiebeln beigeben und kurz mitkochen lassen.
Zum Servieren die Mango-Frühlingszwiebel-Soße und das Rindfleisch auf einer gewärmte Platte anrichten und sofort auftragen.

Suan zi niu rou

RINDERRAGOUT MIT KNOBLAUCH

FÜR 6 PERSONEN ALS HAUPTGANG

1 kg Rindsgulaschfleisch (z. B. Wade)
4 El Erdnuss- oder Maisöl
225 g Knoblauch, geschält, ganze Zehen
3 Tl Sherry, Medium Dry
1/4 El Salz
1 El Zucker
2 Tl dicke Sojasoße
1 Tl dünne Sojasoße
600 ml klare Brühe
1/2 – 1 Tl Kartoffelstärke, aufgelöst in 1 El Wasser
8 kleine Frühlingszwiebeln, in 2,5 cm große Stücke
geschnitten, gewaschen

Das Rindfleisch in große Würfel von etwa 4 cm schneiden.

Den Wok stark erhitzen, bis er raucht. Das Öl zufügen und durch Schwenken über die gesamte Innenfläche verteilen. Den Knoblauch dazugeben und unter ständigem Rühren braten, bis er Farbe angenommen hat. Das Rindfleisch beigeben und unter ständigem Rühren zusammen mit dem Knoblauch anbräunen. Mit dem Sherry ablöschen, weiterrühren und die Flüssigkeit auf die Hälfte einkochen lassen, dann vom Feuer ziehen. Den Wokinhalt in einen Topf schütten. Mit Salz, Zucker und Sojasoße würzen und die Brühe angießen. Alles noch einmal aufkochen lassen, dann die Hitze reduzieren und bedeckt 1 1/2 – 1 3/4 Stunden leicht köcheln lassen, bis das Fleisch zart und der Knoblauch verkocht ist.

Zwischendurch prüfen, ob noch genügend Flüssigkeit im Topf ist, gegebenenfalls mit etwas Wasser aufgießen. Von Zeit zu Zeit umrühren, damit nichts ansetzt. Am Ende der Garzeit sollte noch etwa 300 m schmackhafte Soße übrig sein. Dieses Gericht kann man gut einige Stunden oder einen Tag vorher zubereiten, es gewinnt durch Aufwärmen noch an Geschmack.

Vor dem Servieren noch einmal aufkochen, die aufgelöste Kartoffelstärke angießen und die Soße so noch etwas andicken. Die Frühlingszwiebeln noch für eine Minute bei geöffnetem Deckel mitkochen.

Auf einer gewärmten Servierplatte zu Tisch bringen.

Chen pi niu rou

RINDFLEISCH MIT MANDARINENSOSSE

FÜR 6 PERSONEN

1 unbehandelte süße Orange
700 g Rindfleisch (Rumpsteak, Filet)
60 ml Erdnussöl
2,5 cm frische Ingwerwurzel, geschält,
mit dem Juliennemesser in feine Streifen gehobelt
6 Frühlingszwiebeln, in 5 cm lange Stücke
geschnitten, das Weiße und Grüne getrennt
Schale einer unbehandelten Mandarine oder
Clementine in 5 mm breiten Streifen
1 El Sherry, Medium Dry
1–2 El Chiliöl

Für die Marinade:
¾ Tl Salz
1 Tl Zucker
2 Tl dünne Sojasoße
2 Tl dicke Sojasoße
2 Tl Sherry, Medium Dry
1½ Tl Kartoffelstärke
2 El Wasser
1 kleine getrocknete Chilischote, entkernt, gehackt
½ Tl Chiliöl

Für die Soße:
½ Tl Kartoffelstärke
2 El Wasser oder klare Brühe
1 El dicke Sojasoße

Die Orangeschale dünn abschälen und in kochendem Wasser 5 Minuten blanchieren. Mit kaltem Wasser abspülen. In 5 mm breite Streifen schneiden.

Das Rindfleisch in Streifen von 2,5 x 4 cm schneiden und in eine Schüssel geben.

Für die Marinade Salz, Zucker, Sojasoße, Sherry und Kartoffelstärke zum Fleisch geben. Das Wasser esslöffelweise zufügen und gut unterrühren. Die gehackte Chilischote mit unterrühren und das Fleisch für 1 Stunde marinieren. Dann den ½ Tl Chiliöl unterrühren.

Den Wok stark erhitzen, bis er raucht. Das Erdnussöl angießen und durch Schwenken verteilen. Den Ingwer unter Rühren anbraten, dann das Weiße der Frühlingszwiebeln kurz mitbraten. Die Mandarinen- und Orangenschale zufügen und kurz anbraten. Das Rindfleisch dazugeben und mit einem Holzlöffel unter ständigem Rühren 1-2 Minuten anbraten. Den Sherry angießen und weiterrühren. Dann das Chiliöl dazugeben, je nach Geschmack 1-2 El. Bedeckt für 2 Minuten bei kleiner Hitze köcheln lassen.

Für die Soße Kartoffelstärke, Wasser oder Brühe und Sojasoße vermischen.

Die Soße in den Wok gießen und umrühren, während die Soße eindickt. Das Grüne der Frühlingszwiebeln zufügen, umrühren und kurz köcheln lassen.

Auf einer gewärmten Servierplatte anrichten und sofort servieren.

Dou jiao niu rou

RINDFLEISCH MIT GRÜNEM PAPRIKA
UND SCHWARZE-BOHNEN-SOSSE

FÜR 4 PERSONEN

450 g Rindfleisch (vom Rumpsteak, Filet)

Für die Marinade:
$^1/_2$ Tl Salz
$^1/_4$ Tl Zucker
2 Tl dicke Sojasoße
Schwarzer Pfeffer aus der Mühle
2 Tl Sherry, Medium Dry
1 $^1/_4$ Tl Kartoffelstärke
3 El Wasser
1 Tl Wasser
1 Tl Sesamöl

1 Tl Kartoffelstärke
6 El Wasser
5 El Erdnuss- oder Maisöl zum Braten
225 g grüne Paprikaschote, entkernt,
in grobe Stücke geschnitten
Salz zum Abschmecken
5 Knoblauchzehen, geschält, fein gehackt
4 Frühlingszwiebeln, in 2,5 cm lange Stücke
geschnitten, das Weiße und Grüne getrennt
2 El Schwarze-Bohnen-Paste, verrührt

Wenn es scharf sein darf:
$^1/_4$ frische rote Chilischote, entkernt,
in feine Streifen geschnitten
1 El Sherry, Medium Dry

Das Rindfleisch gegen die Faser in rechteckige Streifen von 2,5 x 4 cm bei einer Dicke von 5 mm schneiden. In eine große Schüssel geben.

Für die Marinade Salz, Zucker, Sojasoße, Pfeffer und Sherry mit dem Fleisch vermischen. Mit der Kartoffelstärke bestäuben und das Wasser esslöffelweise zufügen. Dabei immer gut in eine Richtung umrühren, damit sich die Marinade vollständig mit dem Fleisch verbindet. Im Kühlschrank 30 Minuten ziehen lassen. Dann das Sesamöl untermischen.

Den Tl Kartoffelstärke mit 6 El Wasser in einer Tasse glatt rühren.

Den Wok erhitzen, 1 El Öl zugeben und durch Schwenken verteilen. Paprika zufügen und unter Rühren für 2 Minuten anbraten. Die Hitze herunterschalten, wenn die Paprika anzubrennen droht. Mit Salz abschmecken und auf einer gewärmten Platte warm halten.

Den Wok wieder stark erhitzen, bis er raucht. Die verbleibenden 4 El Öl angießen und durch Schwenken verteilen. Den Knoblauch unter Rühren anbraten, sobald er Farbe annimmt, das Weiße der Frühlingszwiebeln kurz mit braten. Die Schwarze-Bohnen-Paste einrühren, mit Zucker, Öl und klein geschnittener Chilischote gut vermischen. Das Rindfleisch dazugeben und mit einem Holzlöffel unter ständigem Rühren 1–2 Minuten anbraten. Den Sherry angießen und weiterrühren. Die angerührte Kartoffelstärke dazugeben, den Paprika und das Grüne der Frühlingszwiebeln beifügen und alles kurz aufkochen lassen, bis die Soße eindickt.

Auf einer gewärmten Servierplatte anrichten und sofort servieren.

Gu lao rou

SCHWEINEFLEISCH SÜSS-SAUER

FÜR 4 PERSONEN

450 g sehr magerer Schweinebauch,
ohne Schwarte oder überschüssiges Fett
½ Tl Salz
1 Tl dünne Sojasoße
1 Ei, verquirlt
3 El Maismehl
Erdnuss- oder Maisöl zum Frittieren
2 ½ El Erdnuss- oder Maisöl
zum Braten und Abschmecken
1 Knoblauchzehe, geschält, fein gehackt
1 Zwiebel, geschält, grob gehackt
1 grüne Paprikaschote, entkernt, gewürfelt
Salz zum Abschmecken
100 g Ananas aus der Dose, abgetropft,
Flüssigkeit aufbewahren

Für die Soße:
2 Tl Kartoffelstärke
4 El Wasser
4 El Ananasflüssigkeit
3 El Weißweinessig
4 El Zucker
¼ Tl Salz
2 El dünne Sojasoße
2 El Tomatenketchup
1 ½ Tl Worcestersoße

Das Schweinefleisch in Würfel von ca. 2,5 cm Kantenlänge schneiden. In eine Schüssel geben.
Salz und Sojasoße zum Schweinefleisch geben und 1 Stunde marinieren. Dann das verquirlte Ei untermischen.
Die Schweinefleischwürfel einzeln im Maismehl wälzen, überschüssiges Mehl abschütteln. Das Fleisch muss ganz vom Mehl eingehüllt sein.
Den Wok zur Hälfte mit Öl füllen und auf 180 °C erhitzen. Das Fleisch in zwei Portionen 1 Minute vorfrittieren, dabei mit einem Holzstäbchen verhindern, dass die Fleischstücke zusammenkleben. Auf Küchenpapier entfetten. Für die Soße die Kartoffelstärke in Wasser und Ananasflüssigkeit auflösen. Essig, Zucker, Salz, Sojasoße, Tomatenketchup und Worcester-soße dazumischen.
1 ½ El Öl in einer schweren beschichteten Pfanne erhitzen. Knoblauch und Zwiebel unter Rühren anbraten, dann die Paprika dazugeben und 2 Minuten bei milder Hitze pfannenrühren. Mit Salz abschmecken. Die Ananasstückchen zugeben, die Soße angießen und langsam unter Rühren aufkochen. Dann vom Herd nehmen. Die Soße kann auch gut eine Weile im Voraus zubereitet werden.
Den Wok samt Frittieröl wieder auf 190 °C erhitzen. Die vorfrittierten Schweinefleisch-würfel 2-3 Minuten ein weiteres Mal frittieren, bis sie goldbraun sind. Auf Küchenpapier entfetten und auf einer gewärmten Servierplatte anrichten. Die süß-saure Soße noch einmal erwärmen und den verbleibenden El Öl unter-mischen. Die Soße über das Schweinefleisch geben und sofort servieren.

Hui guo rou

DOPPELT GEKOCHTES SCHWEINEFLEISCH

FÜR 4 PERSONEN

---

450 g magerer Schweinebauch am Stück
1 Stange Lauch
3 El Erdnuss- oder Maisöl
Salz zum Abschmecken
3 Knoblauchzehen, geschält,
in dünne Scheiben geschnitten

Für die Soße:
1 ½ El scharfe Sojabohnen-Paste
1 El dicke Sojasoße
¼ Tl Salz
1 Tl Zucker
1 El Sherry, Medium Dry

Den Schweinebauch in einen Topf geben, mit kochendem Wasser bedecken und anschließend bei milder Hitze 20-25 Minuten köcheln lassen. Aus dem Topf heben und abkühlen lassen. Im Kühlschrank für mindestens 2 Stunden oder besser bedeckt über Nacht weiter auskühlen. Vor der weiteren Zubereitung die Schwarte abtrennen und den Schweinbauch in möglichst dünne Scheiben von ½ cm Dicke schneiden.

Den Lauch der Länge nach halbieren, die Blätter auffächern und gründlich unter fließendem Wasser abspülen, damit Erdreste vollständig entfernt werden. Dann in 1 cm breite Streifen schneiden.

Für die Soße die Bohnenpaste, Sojasoße, Salz, Zucker und Sherry in einer Schüssel vermischen.

Den Wok bei mittlere Hitze erwärmen. 1 El Öl angießen und durch Schwenken verteilen. Den Lauch für 2 Minuten mit einem Holzlöffel pfannenrühren. Mit Salz abschmecken und auf eine gewärmte Platte geben. Der Lauch sollte feucht sein, aber nicht in Flüssigkeit schwimmen, überschüssige Flüssigkeit eventuell ausdrücken.

Den Wok trockenreiben und erneut erhitzen, diesmal stark, bis er raucht. Die restlichen 2 El Öl angießen und durch Schwenken verteilen. Zunächst den Knoblauch, und sobald dieser Farbe annimmt, die Schweinefleischscheiben unter ständigem Rühren dazugeben. Mit dem Holzlöffel die Fleischscheiben voneinander trennen, und das Fett so ausbraten. Die Scheiben wenden und von der anderen Seite braten, bis das Fett durchsichtig wird. Das Fleisch sollte nicht anbrennen, gegebenenfalls die Hitze reduzieren. Austretendes Fett abschöpfen und wegschütten.

Die Soße angießen und unter Rühren mit dem Fleisch vermengen. Den Lauch dazugeben und so lange köcheln, bis die Soße weiter eingekocht ist. Auf einer gewärmten Servierplatte anrichten und sofort servieren.

Cha shao

GEGRILLTES HONIGSCHWEINEFLEISCH AUS KANTON

FÜR 6 PERSONEN

1–1,2 kg Schweinehals
2 El flüssiger Honig

Für die Marinade:
2 El Hoisin-Soße
2 El Gelbe-Bohnen-Soße
4 El dünne Sojasoße
6 El Zucker
1 El Sherry, Medium Dry
1 Tl Salz

Den Schweinhals der Länge nach in 3-4 Streifen schneiden. Die erhaltenen Stücke nun wiederum durch je drei nicht vollständige Schnitte in lange Streifen schneiden. Dazu das Fleischstück bei einem Drittel der Breite auf etwa 90% der Länge des Fleischstücks einschneiden, so dass das entstandene Stück mit dem Rest zusammenhängt. Den gleichen Schnitt von der gegenüberliegenden Seite vornehmen. Das Fleischstück hängt jetzt aus drei Streifen bestehend zusammen. Die restlichen 2-3 großen Stücke auf die gleiche Weise vorbereiten. Das Fleisch in eine große Schüssel geben.

Für die Marinade die Soßen, den Zucker, Sherry und Salz vermischen, zum Fleisch geben und 4 Stunden marinieren. Alle 30 Minuten in der Marinade wenden.

Den Ofen auf 190 °C vorheizen. Die marinierten Fleischstücke auf einem Gitterrost in die oberste Schiene des Backofens setzen. Auf der mittleren Schiene eine Fettpfanne oder ein Backblech mit Wasser einschieben, damit die Bratflüssigkeit aufgefangen wird und das Schweinefleisch beim Grillen nicht austrocknet. Die Fleischstücke 25-30 Minuten grillen, bis die Oberseite eine schöne rotbraune Farbe bekommen hat.

Die Fleischstücke aus dem Ofen holen, noch einmal in die Marinade tunken und mit der Unterseite zurück auf den Rost setzen. Die Temperatur auf 180 ° C reduzieren und weitere 25-30 grillen. An einer dicken Stelle des Fleisches mit einer Gabel einstechen, wenn kein rosa Fleischsaft mehr austritt, ist das Fleisch gar.

Den Rost aus dem Ofen nehmen und die Fleischstücke sorgfältig mit Honig bestreichen. Zum Servieren die Fleischstücke in dünne Scheiben schneiden.

Dieses gegrillte Schweinefleisch eignet sich auch gut als Zutat zu gebratenem Reis, zu pfannengerührtem Gemüse oder zu Nudeln.

Ma yi shang shu

SCHWEINEHACKFLEISCH MIT GLASNUDELN

FÜR 4 PERSONEN

75 g Glasnudeln
175 g mageres, grobes Schweinhackfleisch
(Kotelett- oder Schnitzelfleisch)
4 El Erdnuss- oder Maisöl
3 Knoblauchzehen, geschält, fein gehackt
3–4 Frühlingszwiebeln,
gewaschen, der Länge nach in lange
Streifen geschnitten, das Weiße und Grüne getrennt
1 El scharfe Sojabohnenpaste oder 1 Tl Chiliöl
2 Tl Sherry, Medium Dry
250 ml klare Brühe
Salz und Sojasoße zum Abschmecken

Für die Marinade:
¹/₂ Tl Salz
1 El dicke Sojasoße
Schwarzer Pfeffer aus der Mühle
1 Tl Sherry, Medium Dry
¹/₂ Tl Kartoffelstärke
1 El Wasser
2 Tl Sesamöl

Die Glasnudeln in einer großen Schüssel mit ca. 1 Liter kochendem Wasser übergießen und 20 Minuten bedeckt ziehen lassen.

Das Schweinehackfleisch in eine Schüssel geben. Die Zutaten für die Marinade vermischen und zufügen: Salz, Sojasoße, Pfeffer, Sherry, Kartoffelstärke und Wasser 1-2 Minuten mit dem Fleisch verrühren. 15 Minuten ziehen lassen. Dann das Sesamöl untermischen.

Die Glasnudeln abgießen und mit der Schere in ca. 15 cm lange Stücke schneiden.

Den Wok stark erhitzen, bis er raucht. Das Öl zugeben und durch Schwenken verteilen. Den Knoblauch und das Weiße der Frühlingszwiebeln zugeben und unter Rühren anbraten. Bohnenpaste oder Chiliöl zugeben und gut umrühren. Das Schweinefleisch dazugeben und etwa 1 Minute mit dem Holzlöffel pfannenrühren. Mit dem Löffel das Schweinefleisch zerpflücken, damit keine Klümpchen entstehen.

Die Nudeln zufügen und unter Rühren und Wenden mit braten. Die Brühe angießen und zum Kochen bringen. Mit Salz und Sojasoße abschmecken und die Hitze reduzieren. Bei geschlossenem Deckel 5 Minuten köcheln lassen.

Den Deckel abheben, die Flüssigkeit sollte weitgehend von den Nudeln aufgenommen sein. Das Grüne der Frühlingszwiebeln zugeben, noch leicht mit kochen lassen und auf einer gewärmten Servierplatte anrichten. Die Nudeln auf eine gewärmte Servierplatte geben, das Schweinefleisch darauf anrichten. Sofort servieren.

Bing tang yuan ti

GLASIERTE SCHWEINSHAXE MIT INGWER

FÜR 6 PERSONEN

1 Schweinshaxe von ca. 1,5 kg
4 dickere Scheiben frische Ingwerwurzel, geschält
3 Frühlingszwiebeln, gewaschen, halbiert
6 El dicke Sojasoße
3 Tl Sherry, Medium Dry
25 g Zucker

Die Schwarte der Schweinshaxe gegebenenfalls von restlichen Haaren befreien. Von der dünneren Hautseite aus mit einem scharfen und spitzen Messer bis zum Knochen durch- und diesen entlangschneiden.

Die Schweinshaxe in einen Bräter geben und mit kaltem Wasser bedecken. Das Wasser zum Kochen bringen und 5 Minuten kochen. Aufsteigenden Schaum sorgfältig abschöpfen. Das Wasser abschütten und die Schweinshaxe gegebenenfalls mit Wasser abspülen, damit letzte Schaumreste entfernt werden.

Die Schweinshaxe zurück in den Bräter setzen. Ingwer, Frühlingszwiebeln, Sojasoße, Sherry und Zucker dazugeben. 1 Liter Wasser angießen, zum Kochen bringen, die Hitze reduzieren und mit geschlossenem Deckel bei mittlerer Hitze etwa 1 Stunde köcheln lassen. Hin und wieder die Haut der Schweinshaxe vom Bräterboden lösen, sie darf auf keinen Fall anbacken.

Nach einer Stunde die Schweinshaxe wenden, die Flüssigkeit sollte das Fleisch zu einem Drittel bedecken. Jetzt noch einmal 1 1/4 bis 1 1/2 Stunden bedeckt köcheln lassen. Weiterhin die Haut gelegentlich vom Boden lösen. Am Ende der Kochzeit sollte noch ein Viertel (250 ml) der Bratflüssigkeit übrig sein. Die Schweinshaxe vorsichtig aus dem Bräter heben und kurz warm stellen. Die Soße bei starker Hitze noch etwas einkochen, bis sie dick und glänzend ist. Den Ingwer und die Frühlingszwiebeln aus der Soße fischen und entsorgen.

Die Schweinshaxe auf einer gewärmten Servierplatte anrichten und mit der Soße begießen, so dass die Haxe schön dunkelbraun glänzt.

Xue dou ji zi

GEBRATENES HÄHNCHENFLEISCH MIT ZUCKERSCHOTEN

FÜR 6 PERSONEN

---

2 Hähnchenbrüste à ca. 450 g,
ohne Haut und Knochen
1 El Salz
Erdnuss- oder Maisöl zum Kochen und Braten
225 g Zuckerschoten, gewaschen, geputzt
4 dünne Scheiben frische Ingwerwurzel, geschält
4 Knoblauchzehen, geschält, fein gehackt
4 Frühlingszwiebeln, gewaschen,
in 2,5 cm lange Streifen geschnitten,
das Weiße und Grüne getrennt
1 El Sherry, Medium Dry

Für die Marinade:
¼ Tl Salz
2 Tl dünne Sojasoße
Weißer Pfeffer aus der Mühle
2 Tl Sherry, Medium Dry
1 Tl Maisstärke
1½ El Eiweiß, verquirlt
1 El Erdnuss- oder Maisöl

Für die Soße:
1 Tl Kartoffelstärke
6 El klare Brühe oder Wasser
2 El Austernsoße
½ El dicke Sojasoße

Das Hähnchenfleisch in grobe Würfel schneiden und in eine Schüssel geben.
Für die Marinade Salz, Sojasoße, Pfeffer, Sherry, Maisstärke und Eiweiß zum Hähnchenfleisch geben und gründlich verrühren. 30 Minuten ziehen lassen. Dann das Öl unterziehen.
Einen Topf mit 1,5 Liter Wasser zum Kochen bringen, 1 El Salz und 1 El Öl zugeben. Die Zuckerschoten zugeben. Sobald das Wasser wieder kocht, die Zuckerschoten aus dem Wasser heben und unter fließendem kalten Wasser abschrecken und abtropfen lassen.
Für die Soße die Kartoffelstärke mit Brühe oder Wasser glatt rühren und mit Austern- und Sojasoße vermischen.
Den Wok zur Hälfte mit Öl füllen und auf 180 °C erhitzen. Das Hähnchenfleisch 30 Sekunden durch das heiße Öl rühren. Mit Holzstäbchen verhindern, dass die Fleischstücke aneinander kleben. Mit einem Schaumlöffel das Fleisch aus dem Wok heben und in eine Suppenschüssel füllen.
Bis auf 1 El das restliche Öl aus dem Wok abgießen (Vorsicht! Verbrennungsgefahr!) und wieder erhitzen. Den Ingwer ins Öl geben und kurz braten, dann die Zuckerschoten dazugeben. Die Hitze reduzieren und beides unter ständigem Rühren braten, bis die Zuckerschoten gar sind. Mit Salz abschmecken und auf einer Servierplatte warm stellen.
Den Wok trockenreiben und wieder stark erhitzen. 2 El Öl angießen und durch Schwenken verteilen. Den Knoblauch dazugeben und kurz braten, dann das Weiße der Frühlingszwiebeln, zufügen, dabei ständig rühren. Das Hähnchenfleisch zurück in den Wok geben und für 30-45 Sekunden pfannenrühren. Den Sherry angießen und umrühren. Die gut verrührte Soße angießen, die Hitze reduzieren und weiterrühren, während die Soße eindickt. Das Grüne der Frühlingszwiebeln zugeben und kurz mitkochen. Dann den Wokinhalt auf die Zuckerschoten geben und sofort servieren.

Dou jiao ji liu

HÄHNCHENSTREIFEN IN SCHWARZE-BOHNEN-SOSSE

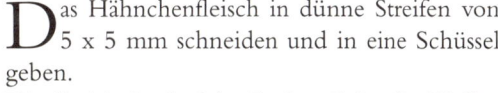

FÜR 4 PERSONEN

---

800 g Hühnerschenkel, entbeint und gehäutet
2 kleine grüne Paprikaschoten, entkernt
wenn es etwas schärfer sein darf:
1–2 frische grüne Chilischoten, entkernt
6 Tl Erdnuss- oder Maisöl
6 Knoblauchzehen,
geschält, in feine Scheibchen geschnitten
4 Frühlingszwiebeln, gewaschen,
in 2,5 cm lange Streifen geschnitten,
das Weiße und Grüne getrennt
3 El Schwarze-Bohnen-Paste
1 El Sherry, Medium Dry
Sesam- oder Chiliöl nach Geschmack

Für die Marinade:
¹/₂ Tl Salz
¹/₂ Tl Zucker
1 Tl dünne Sojaoße
Schwarzer Pfeffer aus der Mühle
2 Tl Sherry, Medium Dry
1 Tl Maisstärke
2 El Eiweiß, verquirlt
1¹/₂ El Erdnuss- oder Maisöl

Für die Soße:
1 Tl Kartoffelstärke
4 El klare Brühe oder Wasser
2 Tl Austernsoße oder 1 Tl dicke Sojaoße

Das Hähnchenfleisch in dünne Streifen von 5 x 5 mm schneiden und in eine Schüssel geben.

Für die Marinade Salz, Zucker, Sojaoße, Pfeffer, Sherry, Maisstärke und Eiweiß zum Hähnchenfleisch geben und gründlich verrühren. 30 Minuten ziehen lassen. Dann das Öl esslöffelweise unterziehen.

Die Paprikaschoten in lange und schmale Streifen schneiden. Wenn das Gericht etwas schärfer sein darf, die Chilischoten in feine Streifen schneiden.

Für die Soße die Kartoffelstärke mit Brühe oder Wasser glatt rühren und mit Austern- und Sojaoße vermischen.

Den Wok erhitzen, 1 El Öl zugeben und durch Schwenken verteilen. Die Paprika unter Rühren 2 Minuten anbraten. Sobald die Paprika gar sind, aber noch Biss haben, auf eine gewärmte Platte geben.

Den Wok auswaschen und trockenreiben. Erneut stark erhitzen, bis er raucht. 5 El Öl angießen und durch Schwenken verteilen. Den Knoblauch ins Öl geben und kurz anbraten, dann eventuell die Chilischoten, das Weiße der Frühlingszwiebeln und die Schwarze-Bohnen-Paste nacheinander zugeben und pfannenrühren. Die Hähnchenstreifen 2 Minuten unter Rühren mitbraten, bis sie weiß geworden sind. Gut mit der Paste vermischen. Den Sherry angießen und unterrühren. Die gut verrührte Soße dazugeben und unter Rühren köcheln lassen, bis sie eindickt. Mit Pfeffer würzen, das Grüne der Frühlingszwiebeln dazugeben und kurz mitkochen.

Auf einer gewärmten Servierplatte anrichten und nach Geschmack mit Sesam- oder Chiliöl beträufeln.

Dou you ji

BRATHÄHNCHEN IN SOJASOSSE

FÜR 4 PERSONEN

---

2 ganze Sternanis
2 kleine getrocknete Chilischoten
1 El Erdnuss- oder Maisöl
6 Frühlingszwiebeln,
gewaschen, der Länge nach halbiert
2 Scheiben frische Ingwerwurzel, geschält,
in 5 mm Scheiben
1 großes Freilandhähnchen ca. 1,5 kg, küchenfertig,
es sollte bei der Zubereitung Raumtemperatur haben
250 ml dicke Sojasoße
2 El Sherry, Medium Dry
4–5 El brauner Zucker

Den Sternanis und die Chilischoten in einen Topf mit 350 ml Wasser geben und zum Kochen bringen. Bei schwacher Hitze 15 Minuten köcheln lassen, bis das Wasser auf die Hälfte eingekocht ist. Die Flüssigkeit durch ein Sieb abgießen, auffangen und die Gewürze entsorgen.

Den Wok stark erhitzen, bis er raucht. Das Öl zufügen und durch Schwenken verteilen. Die Frühlingszwiebeln und den Ingwer gute 10 Sekunden pfannenrühren, danach mit einem Schaumlöffel aus dem Wok heben, etwas abkühlen lassen und in die Bauchhöhle des Hähnchens füllen.

Den Wok auswaschen und trockenreiben. Das Anis-Chili-Wasser, Sojasoße, Sherry und Zucker in den Wok gießen und unter gelegentlichem Rühren zum Kochen bringen, bis der Zucker sich vollständig aufgelöst hat. Dann leicht köcheln lassen.

Das Hähnchen in den Wok setzen und 10 Minuten lang mit einem großen Löffel mit der Zucker-Gewürz-Soße begießen. Das Hähnchen mithilfe eines Küchenlöffels um die eigene Achse drehen und die andere Seite gleichermaßen 10 Minuten begießen.

Für den Fall, dass zu viel von der Soße eingekocht ist, etwas Wasser nachfüllen und wieder zum Köcheln bringen.

Den Deckel auf den Wok setzen und das Hähnchen 20 Minuten bei niedriger Temperatur köcheln lassen, dann das Hähnchen umdrehen und weitere 20 Minuten bei geschlossenem Deckel köcheln. Zur Probe, ob das Hähnchen gar ist, an der dicksten Stelle der Schenkel mit einem Zahnstocher einstechen. Wenn keine rosa Flüssigkeit mehr austritt, ist es gar.

Das Hähnchen aus dem Wok heben und dabei die Flüssigkeit aus der Bauchhöhle in den Wok gießen. Etwas von der entstandenen Soße in eine vorgewärmte Schüssel füllen. Das Hähnchen in Portionsstücke teilen und zusammen mit der Soße servieren. Der Rest der Soße kann im Kühlschrank eine Weile aufbewahrt und zum Würzen anderer Gerichte verwendet werden.

Long fei feng wu

HÄHNCHEN & KRABBEN MIT ZUCKERSCHOTEN

FÜR 6 PERSONEN

*2 Hähnchenbrüste à ca. 450 g,
ohne Haut und Knochen
225 g mittelgroße rohe Krabben, ohne Kopf, geschält
und ausgenommen
Salz
Erdnuss- oder Maisöl zum Kochen und Braten
100 g Zuckerschoten, gewaschen, geputzt
3 Knoblauchzehen, geschält, fein gehackt
4 Frühlingszwiebeln, gewaschen,
in 2,5 cm lange Streifen geschnitten,
das Weiße und Grüne getrennt
1 El Sherry, Medium Dry
2 Scheiben frische Ingwerwurzel, geschält,*

*Für die Marinade:
½ Tl Salz
½ Tl Zucker
Weißer Pfeffer aus der Mühle
1 Tl Sherry, Medium Dry
1 Tl Maisstärke
1 El Eiweiß, verquirlt*

*Für die Soße:
¾ Tl Kartoffelstärke
5 El klare Brühe oder Wasser
1 El Austernsoße*

Das Hähnchenfleisch in grobe Würfel schneiden und in eine Schüssel geben.
Für die Marinade Salz, Zucker, Pfeffer, Sherry, Maisstärke und Eiweiß vermischen, zum Hähnchenfleisch geben und gründlich verrühren. 30 Minuten ziehen lassen.
Die Krabben in einer Schüssel salzen.
Einen Topf mit 1 Liter Wasser zum Kochen bringen, 1 El Salz und 1 El Öl zugeben. Die Zuckerschoten zugeben. Sobald das Wasser wieder kocht, die Zuckerschoten aus dem Wasser heben und unter fließendem kalten Wasser abschrecken und abtropfen lassen.
Für die Soße die Kartoffelstärke mit Brühe oder Wasser glatt rühren und mit Austernsoße vermischen.
Den Wok zur Hälfte mit Öl füllen und auf 180 °C erhitzen. Das Hähnchenfleisch 30 Sekunden durch das heiße Öl rühren. Mit Holzstäbchen verhindern, dass die Fleischstücke aneinander kleben. Mit einem Schaumlöffel das Fleisch aus dem Wok heben und in eine Suppenschüssel füllen.
Die Krabben im gleichen Öl 20 Sekunden braten. Auch hier mit Stäbchen kontrollieren, dass sie nicht aneinander kleben. Die Krabben auf einen Teller geben.
Bis auf 5 El das restliche Öl aus dem Wok abgießen (Vorsicht! Verbrennungsgefahr!) und wieder erhitzen. Den Ingwer ins Öl geben und kurz braten, dann die Zuckerschoten dazugeben. Die Hitze reduzieren und unter ständigem Rühren braten, bis die Zuckerschoten heiß sind. Mit Salz abschmecken und auf einer Servierplatte warm stellen.
Den Wok trockenreiben und wieder stark erhitzen. 2 El Öl angießen und durch Schwenken verteilen. Den Knoblauch dazugeben und kurz braten, dann das Weiße der Frühlingszwiebeln zufügen, ständig rühren. Das Hähnchenfleisch zurück in den Wok geben und ca. 30 Sekunden pfannenrühren, bis das Fleisch fast gar ist. Dann die Krabben dazugeben und weiterrühren. Den Sherry angießen und umrühren. Die Zuckerschoten dazugeben. Die gut verrührte Soße angießen, die Hitze reduzieren und weiterrühren, während die Soße eindickt. Das Grüne der Frühlingszwiebeln zugeben und kurz mit kochen. Alles auf einer gewärmten Servierplatte anrichten und heiß servieren.

Jian ju ji gan

GEBRATENE HÜHNCHENLEBER

700 g Hühnchenleber, gesäubert
1½ Tl Maisstärke
100 ml Erdnuss- oder Maisöl
5 cm frische Ingwerwurzel, geschält,
in dünne Scheiben gehobelt
10 Frühlingszwiebeln, gewaschen, in
1 cm lange Stücke geschnitten,
das Weiße und Grüne getrennt
1½ El Sherry, Medium Dry

Für die Marinade:
¾ Tl Salz
¾ Tl brauner Zucker
1 El dicke Sojasoße
Reichlich schwarzer Pfeffer aus der Mühle
2 Tl Worcestersoße
2 Tl Sherry, Medium Dry

Für die Soße:
1½ Tl Maisstärke
6 El klare Brühe oder Wasser
2 Tl dicke Sojasoße
1 Tl Worcestersoße

Die Hühnchenlebern in je 2 bis 3 Stücke
schneiden, in ein Sieb geben und unter fließendem Wasser gründlich waschen. Abtropfen
lassen und in eine Schüssel geben.
Für die Marinade Salz, Zucker, Sojasoße, Pfeffer, Worcestersoße und Sherry vermischen und zur Leber geben. Gut umrühren und
1-2 Stunden ziehen lassen. Hin und wieder
umrühren.
Für die Soße die Maisstärke mit 2 El Brühe oder
Wasser glatt rühren. Die Soja- und Worcestersoße dazumischen und die restliche Brühe oder
Wasser zugeben.

Die Leber mit der Stärkeflüssigkeit begießen und
gut vermischen.
Den Wok stark erhitzen, bis er raucht. Das Öl
angießen und durch Schwenken verteilen. Den
Ingwer und das Weiße der Frühlingszwiebeln
dazugeben und kurz braten, ständig rühren.
Wenn die Frühlingszwiebeln leicht angebräunt
sind, die Leber dazugeben und 2 Minuten braten, 1-2-mal umrühren, damit die Leberstücke
nicht aneinander kleben. Den Sherry angießen
und umrühren. Die Hitze reduzieren und mit
geschlossenem Deckel 2 Minuten köcheln lassen. Die Leberstücke wenden, das Grüne der
Frühlingszwiebeln dazugeben und für weitere
2 Minuten bedeckt köcheln lassen.
Die gut verrührte Soße angießen und rühren, bis
die Flüssigkeit eindickt. Auf einer gewärmten
Servierplatte anrichten und auftragen.

Gong bao ji ding

HUHN MIT ERDNÜSSEN

FÜR 4 PERSONEN

---

500 g Hähnchenbrust, ohne Haut und Knochen

Für die Marinade:
1 Eiweiß, verquirlt
1 gestr. El Kartoffelstärke
1 El dünne Sojasoße

500 ml Erdnussöl zum Frittieren
1 frische Chilischote, entkernt, in feine Röllchen
geschnitten
2 cm frische Ingwerwurzel, geschält, fein gehackt
2 El dünne Sojasoße
1¹/₂ El Weißweinessig
1 gestr. El Zucker
2 El Sherry, Medium Dry
1 Tl Kartoffelstärke, mit 100 ml
Hühnerbrühe glatt gerührt
Salz zum Abschmecken
50 g Erdnüsse, geröstet, gesalzen

Die Hähnchenbrust in Würfel von 1 cm Länge schneiden.

Für die Marinade das verquirlte Eiweiß, Kartoffelstärke und Sojasoße gründlich unter das Hähnchenfleisch mischen. 30 Minuten ziehen lassen.

Den Wok stark erhitzen, bis er raucht. Öl angießen und auf 190 °C erhitzen. Das Hähnchenfleisch portionsweise ins heiße Öl geben und schwimmend goldbraun ausbacken, gelegentlich wenden. Mit einem Holzstäbchen verhindern, dass die Hähnchenwürfel aneinander kleben. Die frittierten Hähnchenstücke auf Küchenpapier entfetten und warm halten.

Bis auf 3 El das Öl aus dem Wok abgießen (Vorsicht! Verbrennungsgefahr!) und wieder erhitzen. Chili und Ingwer kurz anbraten, dann die Hähnchenwürfel wieder dazugeben, gut umrühren. Mit 2 El Sojasoße, Essig, Zucker und Sherry ablöschen und kurz aufkochen lassen. Dann die verrührte Kartoffelstärke einlaufen lassen und aufkochen. Mit Salz abschmecken und die Soße noch kurz köcheln lassen, bis sie andickt. Das Ganze vom Herd nehmen. Zum Schluss die Erdnüsse unterrühren.

Auf einer gewärmten Servierplatte zu Tisch bringen.

Xiang su ji

KNUSPRIGE ENTE AUS SEZUAN

FÜR 3 PERSONEN ALS NEBENGERICHT

---

1 Ente von ca. 2 kg
Chilisalz aus 2 El Salz
und ¾ Tl gehackte Chilischote
30 ml dünne Sojasoße
3 Tl Mehl
Erdnuss- oder Maisöl zum Frittieren
12 Lotusblätter-Klößchen [siehe Rezept S.144]

Für die Marinade:
30 ml Sherry, Medium Dry
1 El Salz
1 Tl 5-Gewürze-Pulver (Wu Chian Fen)
4 Scheiben frische Ingwerwurzel, geschält
3 Frühlingszwiebeln, gewaschen, geviertelt

Die Ente innen und außen mit Sherry, Salz und 5-Gewürze-Pulver gut einreiben. Den Ingwer und die Frühlingszwiebeln in die Bauchhöhle stecken. Mindestens 6 Stunden, besser über Nacht marinieren.

Für das Chilisalz das Salz in einem leicht erhitzten Wok 4 Minuten unter ständigem Rühren braten. Dann vom Feuer nehmen und die gehackte Chilischote unterrühren. Gut vermischen. Das Chilisalz hält sich in einem gut verschließbaren Behälter sehr lange.

Die Ente in eine feuerfeste Form setzen und darin im Wok oder im Dampftopf (kein Dampf-kochtopf!) knapp 2 Stunden dämpfen. Nach dem Ende der Garzeit hat sich eine Menge Fett und Bratsaft in der Form angesammelt. Nach dem Erkalten kann man das Fett abheben, der verbleibende Bratensaft kann als schmackhafte Grundlage für weitere Soßen aufbewahrt werden.

Nach dem Dämpfen die Ente in einer Schüssel aufrichten und den restlichen Saft ausrinnen lassen. Den Saft abgießen und die Ente mindestens 30 Minuten stehend austrocknen lassen. Bei diesem Arbeitsgang ist Vorsicht geboten, damit die Ente nicht zerfällt.

Den Ingwer und die Frühlingszwiebeln aus der Bauchhöhle entfernen. Die Haut der Ente mit Sojasauce einreiben und mit Mehl sorgfältig rundum bestäuben.

Den Wok zur Hälfte mit Öl füllen und auf 190 °C erhitzen. Die Ente ins Öl setzen und bei mittlerer bis niedriger Hitzezufuhr 2 Minuten im Öl braten. Mit zwei Kochlöffeln die Ente umdrehen und die andere Seite ebenfalls 2 Minuten bräunen. Diesen Vorgang zweimal wiederholen, bis die Ente schön goldbraun und knusprig ist. Anschließend auf Küchenpapier entfetten.

Die Lotusblätter bei Bedarf noch einmal im Bambusdampfkörbchen 5 Minuten erhitzen.

Die Ente servieren. Das Fleisch ist zart, die Haut knusprig. Beides sollte sich selbst mit Stäbchen leicht von den Knochen lösen lassen. Zusammen mit den Lotus-Blätter-Klößchen und dem Chilisalz, in das man das Fleisch bei jedem Bissen tunkt, servieren.

Beijing ya

PEKINGENTE

FÜR 4 PERSONEN

---

2 El Honig
300 ml heißes Wasser
1 fette Ente von ca. 2–2,3 kg,
küchenfertig, ausgenommen und gewaschen
1 große Salatgurke
12 Frühlingszwiebeln, gewaschen, nur das Weiße
Hoisinsoße, Pflaumensoße oder Entensoße
nach Belieben (siehe Seite 164/165)
25–30 Mandarin-Pfannkuchen (Seite 154)

Den Honig im heißen Wasser auflösen und warm halten.

Die Ente rundum mit kochendem Wasser frisch aus dem Kessel überbrühen. Die Haut zieht sich so zusammen und wird durchsichtig. In eine große Schüssel setzen.

Das Honigwasser über die gesamte Haut der Ente gießen. Diesen Vorgang mit dem aufgefangenen Honigwasser einmal wiederholen, und mit einem Pinsel die schwer zugänglichen Teile noch einmal bepinseln.

Die Ente an zwei S-Haken oder mithilfe von dickem Küchenfaden aufhängen. An einem gut belüfteten Ort 10-24 Stunden hängend trocknen lassen.

Den Backofen auf 180 °C vorheizen. Die Ente mit der Brust nach oben auf einen Grillrost legen und auf die mittlere Schiene des Backofens setzen. Darunter eine mit Wasser gefüllte Fettpfanne oder ein Backblech einschieben. Die Ente 20 Minuten garen, bis die Haut goldbraun geworden ist. Mithilfe eines Kochlöffels, der durch die Bauchhöhle geschoben wird, die Ente umdrehen, und die Rückenseite 25-30 Minuten backen. Erneut wenden, und die Brustseite noch einmal 20 Minuten backen. Sollte die Haut zu dunkelrot werden, die Hitze auf 170 °C reduzieren, sollte sie zu bleich sein, auf 190 °C erhöhen.

Die Haut auf keinen Fall einstechen, da das austretende Fett die Bräunung beeinträchtigen würde. Nach Ende der Bratzeit die Ente auf einem Gitterrost für ein paar Minuten abkühlen lassen. Die Flüssigkeit aus der Bauchhöhle auffangen, bevor die Ente zerlegt wird.

Während die Ente im Ofen gart, wird das frische Gemüse zubereitet: Die Gurken halbieren entkernen und in streichholzgroße Stifte schneiden. Das Weiße der Frühlingszwiebeln zunächst längs halbieren, dann in 5 cm lange Stücke schneiden und diese wiederum in feine Streifchen. Gurken und Frühlingszwiebeln auf 2–4 Tellerchen anrichten, von denen sich später jeder bedienen kann. Die Hoisin- oder Süße-Bohnen-Soße in Portionsschälchen füllen und zu Tisch bringen.

Vor dem Zerlegen der Ente wird der Mandarin-Pfannkuchen zubereitet.

Das fachgerechte Zerlegen der Peking-Ente ist der schwierigste Teil der Zubereitung. Geübte chinesische Köche zerteilen in Sekundenschnelle die Ente mit dem rasiermesserscharfen chinesischen Kochbeil. Hier wird zunächst die Haut vorsichtig vom Fleisch gelöst und dann in Stücke von 5 x 5 cm Größe geschnitten. Dann wird das Fleisch vom Knochen gelöst und in gleich große Stücke geschnitten. Haut und Fleisch werden separat auf einer gewärmten Servierplatte zu Tisch gebracht. Wichtig ist, dass sowohl die Ente als auch die knusprige Haut in etwa 5 x 5 cm großen Stücken auf den Tisch kommen, ohne bei der Prozedur allzu sehr auszukühlen. Zur Not hält man zugeschnittene Teile im ausgeschalteten Ofen warm; aber nicht zu lange, damit das Fleisch nicht austrocknet und die Haut nicht an Knusprigkeit verliert.

Jeder nimmt sich einen Mandarin-Pfannkuchen, bestreicht ihn mit einer Soße seiner Wahl, belegt ihn mit Gurken und Frühlingszwiebeln, sowie mit je einem Stück Haut und Entenfleisch. Dann wird der Pfannkuchen über der Füllung zusammengerollt und verspeist.

Gemüse mit Fleisch und Fisch

Gemüse mit Fleisch
und Fisch

Neben den großen Fleisch- und Geflügelportionen kennt die chinesische Küche natürlich auch eine Reihe schmackhafter Gerichte, bei denen Gemüse und Fleisch oder Fisch eine harmonische Verbindung eingehen. Die schonende Zubereitungsart des Pfannenrührens erhält die Vitamine und den Biss des gebratenen Gemüses, Fleisch oder Fisch behalten ihr unvergleichliches Aroma.

Mao dong ju

GEBRATENER BAMBUS MIT KRABBEN UND SCHWEINEFLEISCH

FÜR 4 PERSONEN

8 mittelgroße getrocknete chinesische Pilze,
mit kochendem Wasser bedeckt überbrüht,
20 Minuten eingeweicht
25 g getrocknete Krabben, gewaschen
450 g Bambussprossen aus der Dose
2 Tl Zucker
2 El dünne Sojasoße
5 El Erdnuss- oder Maisöl
100 g mageres Schweinefleisch,
in streichholzgroße Stücke geschnitten
150 ml klare Brühe samt Krabbeneinweichwasser
1 Tl Kartoffelstärke, aufgelöst in 1 El Wasser
3 Tl Sesamöl

Die gewässerten Pilze ausdrücken und in dünne Streifen schneiden.

Die getrockneten Krabben mit kochendem Wasser bedecken und 15 Minuten ziehen lassen. Die Krabben abtropfen lassen, das Einweichwasser aufbewahren.

Die Bambussprossen in dünne Stifte von 5 cm Länge schneiden. In eine Schüssel geben und mit Zucker und Sojasoße vermischt 5 Minuten ziehen lassen. Den Wok stark erhitzen, bis er raucht. Das Öl zufügen und durch Schwenken verteilen. Die Bambussprossen mit einem Schaumlöffel aus der Marinade heben, gut abtropfen lassen und ins Öl geben. Das Schweinefleisch anstelle der Bambussprossen in die Marinade geben. Mit einem Schaumlöffel die Bambussprossen aus dem Wok heben, Öl und Soße bleiben.

Die Krabben in den Wok geben und umrühren, dann die Pilze und zum Schluss das marinierte Schweinefleisch. Alles für eine Minute pfannenrühren. Die Bambussprossen zurück in den Wok geben, umrühren und die Brühe angießen. Sobald die Brühe kocht, die Hitze reduzieren, und das Ganze bedeckt 10 Minuten köcheln lassen, bis die Soße auf die Hälfte eingekocht ist. Das gut verrührte Kartoffelmehl angießen und die Soße eindicken lassen.

Auf einer warmen Platte anrichten, mit Sesamöl begießen und servieren.

Hu luo be chao rou si

KAROTTEN MIT SCHWEINEFLEISCH

FÜR 4 PERSONEN

60 ml Erdnussöl
1 El Frühlingszwiebel, das Weiße,
in feine Röllchen geschnitten
2 cm frische Ingwerwurzel, geschält, fein gehackt
200 g mageres Schweinefleisch (Filet, Keule),
in feine Stifte geschnitten
500 g Karotten, geputzt, in Juliennestreifen gehobelt
4 El dünne Sojasoße
1½ El Weißweinessig
1 Tl Salz
2 El Sesamöl
1 El gehackte Petersilie

Das Erdnussöl in einer schweren, beschichteten Pfanne erhitzen. Frühlingszwiebeln und Ingwer kurz anbraten. Dann die Fleischstreifen unter Rühren anbraten, bis sie weiß geworden sind. Die Karottenstreifen kurz mit braten. Dann Sojasoße, Essig und Salz unter ständigem Rühren dazugeben. Vom Herd ziehen, Petersilie und Sesamöl unterziehen. Heiß servieren.

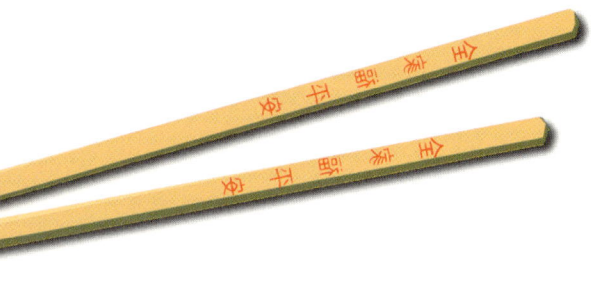

Niang xie dong gua

KÜRBIS GEFÜLLT MIT LAMMHACKFLEISCH

FÜR 4 PERSONEN

350 g Lammhackfleisch
½ Tl Salz
4 El dünne Sojasoße
2 Tl Kartoffelstärke, mit 50 ml Wasser angerührt
2 Frühlingszwiebeln, in feine Röllchen geschnitten
2 cm frische Ingwerwurzel, geschält, fein gehackt
2 El Sesamöl
½ Speisekürbis (ca. 500 g), entkernt

Das Lammhackfleisch in eine Schüssel geben. Mit Salz und Sojasoße gründlich verrühren. Dann die aufgelöste Speisestärke unter das Fleisch rühren. Frühlingszwiebeln, Ingwer und Sesamöl gründlich untermischen. 15 Minuten ziehen lassen.

Die Lammhackfleischmischung in den halbierten Kürbis füllen.

Den Kürbis im Dämpfeinsatz des Kochtopfs ca. 30 Minuten bedeckt über kochendem Wasser dämpfen, bis der Kürbis weich und die Füllung gar ist.

Zum Servieren werden die Füllung und das Kürbisfleisch aus dem Kürbis geschält und auf Tellern angerichtet.

Niang quing jiao

PAPRIKA MIT SCHWEINEFLEISCHFÜLLUNG

FÜR 4 PERSONEN

*4 mittelgroße getrocknete chinesische Pilze,
mit kochendem Wasser
bedeckt überbrüht, 20 Minuten eingeweicht
2 El getrocknete Krabben, gewaschen
300 g grobes Schweinehackfleisch vom mageren Hals
4 Frühlingszwiebeln, in feine Röllchen geschnitten
40 g Bambussprossen aus der Dose, fein gehackt
4 mittelgroße Paprikaschoten, entkernt, geviertelt
Die Paprikaschoten in kochendem Wasser 1–2 Minuten blanchieren. Unter fließendem, kalten Wasser
abschrecken, anschließend trockentupfen.
1 kleines Eiweiß, verquirlt
2 El Erdnuss- oder Maisöl
2 El Sherry, Medium Dry*

Für die Marinade:
*¹/₂ Tl Salz
¹/₂ Tl Zucker
1 Tl dicke Sojasoße
1 Tl dünne Sojasoße
2 Tl Sherry, Medium Dry
1¹/₂ Tl Kartoffelstärke
6 El Wasser
1 Tl Sesamöl*

Für die Soße:
*1¹/₂ Tl Kartoffelstärke
je 135 ml Gemüsebrühe und Pilzeinweichwasser
1¹/₂ El Erdnussöl
5 Knoblauchzehen, geschält, fein gehackt
2¹/₂ El Süße-Bohnen-Paste
1–2 frische Chilischoten, entkernt, in feine Röllchen
geschnitten*

Die gewässerten Pilze ausdrücken und in möglichst dünne Streifen und dann sehr feine Würfelchen schneiden.

Die Krabben fein hacken und unter das Schweinehackfleisch mischen.

Für die Marinade Salz, Zucker, Sojasoßen, Sherry, Kartoffelstärke und die Hälfte des Wassers mischen und unter das Schweinehackfleisch rühren. Nach und nach das restliche Wasser zufügen und kräftig rühren. Pilze, Frühlingszwiebeln und Bambussprossen unter das Fleisch rühren und 30 Minuten ziehen lassen. Dann das Sesamöl und das Eiweiß unterrühren.

Jedes Paprikaviertel mit der Schweinefleischmasse bis zum Rand füllen.

Den Wok stark erhitzen, bis er raucht. 2 El Öl zugeben und durch Schwenken verteilen. Die Hälfte der Paprikaviertel mit der gefüllten Seite nach unten in den Wok setzen. Vorsicht, dass die Füllung nicht herausfällt! 1 Minute anbräunen. Die Hitze reduzieren, Deckel auflegen und weitere 2 Minuten braten. Die Paprikaviertel umdrehen und weitere 1–2 Minuten braten.

Die Hitze wieder erhöhen und den Sherry angießen, kurz aufkochen lassen und die Paprikaviertel auf gewärmten Servierplatten anrichten und warm stellen.

Für die Soße das Kartoffelstärke mit Brühe und Pilzeinweichwasser anrühren. Den gesäuberten und trockengeriebenen Wok mit 1¹/₂ El Öl füllen und durch Schwenken verteilen. Den Knoblauch ins Öl geben, dann die Süße-Bohnen-Paste und die Chilischoten und gut umrühren. Die angerührte Soße angießen und bei niedriger Hitze umrühren. Sobald die Soße aufkocht, über die Paprikaviertel gießen. Sofort servieren.

Shao cai chao xia mi

GEBRATENER CHINAKOHL MIT GETROCKNETEN KRABBEN

FÜR 4 PERSONEN

25 g getrocknete Krabben, gewaschen
1 Chinakohl, ca. 900 g
60 ml Erdnuss- oder Maisöl
4 Frühlingszwiebeln, in 2,5 cm lange Stücke geschnitten,
das Weiße und Grüne getrennt
4 dünne Scheiben frische Ingwerwurzel, geschält
1/2 Tl Salz

Die getrockneten Krabben mit kochendem Wasser bedecken und mindestens 30 Minuten ziehen lassen. Die Krabben abtropfen lassen, das Einweichwasser aufbewahren.

Die äußeren Blätter vom Chinakohl entfernen. Den Kohl in einzelne Blätter pflücken, die groben Strünke entfernen, und gleich große Blätter aufeinander legen. Quer in dünne Streifen schneiden.

Den Wok stark erhitzen, bis er raucht. Das Öl angießen und durch Schwenken verteilen. Das Weiße der Frühlingszwiebeln dazugeben und ein paarmal umrühren, dann den Ingwer anbraten. Danach die Krabben dazugeben und ein paar Sekunden pfannenrühren.

Den Chinakohl in den Wok geben und 1 Minute unter ständigem Rühren braten. Wenn der Kohl anzubrennen droht, die Hitze reduzieren. Das Einweichwasser der Krabben angießen, mit Salz würzen und bedeckt 1-2 Minuten köcheln lassen. Der Kohl sollte zart sein, aber noch Biss haben. Das Grüne der Frühlingszwiebeln dazugeben, kurz mit kochen und alles auf eine gewärmte Servierplatte geben. Sofort zu Tisch bringen.

Guo ta quie he

AUBERGINEN MIT HACKFLEISCH

FÜR 4 PERSONEN

2 große Auberginen

Für die Füllung:
150 g Schweinehackfleisch
2 Frühlingszwiebeln, sehr fein gehackt
2 cm frische Ingwerwurzel, geschält, fein gehackt
Petersilie
10 g getrocknete Krabben, gewässert, sehr fein gehackt
1/2 Tl Salz
Schwarzer Pfeffer aus der Mühle
2 El Sesamöl

Mehl zum Wenden
1–2 Eier, verquirlt
50 ml Erdnussöl
50 ml Gemüsebrühe pro Pfanne
1 El Petersilie, klein gehackt

Die Auberginen schälen. Die beiden Enden abschneiden. Die Aubergine quer auf eine Arbeitsfläche legen. Beginnend vom rechten Rand eine Scheibe von 5 mm Dicke auf $^3/_4$ der Aubergine tief einschneiden. Dann 5 mm links vom Einschnitt eine Scheibe durch die ganze Aubergine abnehmen. So erhält man eine Tasche aus zwei zusammenhängenden Auberginenscheiben, die später gefüllt wird. Die restlichen Auberginen auf die gleiche Weise verarbeiten.

Das Hackfleisch in eine Schüssel geben und mit Frühlingszwiebeln, Ingwer, Petersilie, getrocknete Krabben, Salz, Pfeffer und Sesamöl gründlich vermischen.

Die Auberginentaschen mit einem dünnen Belag der Lammfleischmasse füllen und zusammendrücken.

Die gefüllten Auberginentaschen zuerst in Mehl, dann im verquirlten Ei wenden.

Das Erdnussöl in einer großen, beschichteten Pfanne auf mittlerer Hitze erwärmen. Die panierten Auberginentaschen portionsweise ins heiße Öl geben. Auf beiden Seiten goldbraun braten. Mit der Brühe ablöschen, kurz aufkochen lassen. Die Hitze reduzieren und bedeckt weitere 5 Minuten köcheln lassen.

Vor dem Servieren mit Petersilie bestreuen.

115

Vegetarische Gerichte
und Salate

Vegetarische Gerichte und Salate

Im heutigen China müssen Fleisch oder Geflügel auf den Tisch, wenn es festlich zugehen soll. Der reinen Gemüseküche hängt leider sehr zu unrecht, wie wir zeigen werden, der Ruf einer „Arme-Leute-Küche" an. Dabei war gerade China ein Land, in dem der vegetarisch geprägte Buddhismus über viele Jahrhunderte das geistliche Leben mit bestimmte. Vom 1. Jahrhundert n. Chr. bis ins Jahr 845 währte ein langer und fruchtbarer Austausch zwischen der ursprünglich nordindischen Religion und den chinesischen Herrscherdynastien.

Die Vorstellung einer Seelenwanderung durch alle Formen der Natur verbot es den buddhistischen Mönchen, andere Lebewesen zu töten. So wurden die Asketen im Dienste Buddhas in Fragen der Ernährung notwendigerweise zu Vegetariern und ihre Anhänger mit ihnen. Als Anhänger der chinesischen Staatsreligion, des Konfuzianismus, ließ Kaiser Wu-tsung im Jahr 845 den Buddhismus in seinem Land verfolgen. Die Zahlen über das Ausmaß der Verwüstungen sprechen eine deutliche Sprache über die Verbreitung der angefeindeten Religion im China des frühen Mittelalters: 4600 buddhistische Tempel wurden zerstört, 40 000 Altäre und 260 500 Mönche und Nonnen zurück ins weltliche Leben gezwungen. Der Buddhismus kehrte zwar immer wieder ins geistliche Leben Chinas zurück – nicht zuletzt während der Mongolenherrschaft – letztendlich erholt hat sich der chinesische Buddhismus vom Schlag des Jahres 845 nicht mehr.

Beijing pao cai

KRAUTSALAT MIT INGWER

FÜR 4 PERSONEN

900 g Weißkohl, gewaschen, geviertelt, ohne Strunk
2 El Salz
2 cm frische Ingwerwurzel, geschält,
mit dem Juliennemesser in feine Streifen gehobelt
5 El Zucker
2¹/₂ El Erdnuss- oder Maisöl
2¹/₂ El Sesamöl
3 kleine, getrocknete, rote Chilischoten, entkernt und
fein gehackt
5 El Weißweinessig

Den Weißkohl entweder in der Küchen-maschine oder mit einem schweren Messer so fein wie möglich schneiden. In eine große Schüssel geben. Mit dem Salz bestreuen und gut durchmischen. Für 2–3 Stunden ruhen lassen.

Jeweils eine Hand voll Kohl nehmen und mit beiden Händen ausdrücken. In eine frische Schüssel geben.

Den Ingwer in die Mitte der Schüssel auf den Kohl geben. Um den Ingwer herum den Zucker anstreuen, jedoch nicht mit dem Ingwer mischen.

Erdnuss- und Sesamöl in einer Pfanne stark erhitzen, bis es raucht. Vom Herd nehmen und die Chilischoten zufügen. Das Chiliöl zuerst über den Ingwer, dann über den restlichen Kohl gießen.

Den Essig zufügen und alles gut vermischen. Bei Zimmertemperatur 2–3 Stunden ziehen lassen.

Hai dai luo bo si

SEETANG-RETTICH-SALAT

FÜR 4 PERSONEN

50 g Seetang
100 g Rettich, geputzt,
in dünne Streifchen geschnitten

Für die Soße:
20 g frische Ingwerwurzel, geschält, fein gehackt
1 Frühlingszwiebel, geputzt, in feine Röllchen
geschnitten
1 Tl Sesam
1 Tl Salz
1 El Sojasoße
1 paar Tropfen scharfes Chiliöl
2 Tl Zucker
Schwarzer Pfeffer aus der Mühle
2 El Erdnussöl
Ausgepresster Saft von 2 Orangen und 2 Zitronen

Den Seetang 2 Stunden wässern, in dünne Streifen schneiden und weitere 24 Stunden wässern.

Vor der Zubereitung 10 Minuten in reichlich Wasser kochen. Eine weitere Stunde in kaltem Wasser ziehen lassen. In einem Sieb gründlich abtropfen lassen.

Den Rettich 30 Minuten in kaltem Wasser ziehen lassen.

Ingwer, Frühlingszwiebel, Sesam, Salz, Sojasoße, Chiliöl, Zucker, Pfeffer und Erdnussöl verrühren. Orangen- und Zitronensaft untermischen.

Den Rettich auf einem großen Servierteller anrichten, den Seetang darüber verteilen und mit der Soße begießen. Vor dem Servieren noch einmal 20 Minuten im Kühlschrank ziehen lassen.

Mian tuo su cai hua

FRITTIERTER BLUMENKOHL

FÜR 4 PERSONEN

600 g Blumenkohl, ohne großen Strunk
150 g Mehl
2 gestr. El Kartoffelstärke
250 ml Wasser
2 Eier, verquirlt
1 Tl Salz
Schwarzer Pfeffer aus dem Mühle
Wenn es etwas schärfer sein darf:
1/2 Tl getrocknete Chilischote, zerbröselt
1,2 l Erdnussöl zum Frittieren

Den Blumenkohl in reichlich leicht gesalzenem Wasser 4-5 Minuten blanchieren. Etwas abkühlen lassen und in etwa pflaumengroße Röschen zerpflücken und gut austrocknen lassen.

Mehl und Kartoffelstärke mit Wasser und Eiern zu einer glatten Soße verrühren. Mit Salz und Pfeffer oder Chiliflocken abschmecken.

Das Öl im Wok oder der Fritteuse auf 190 °C erhitzen.

Die Blumenkohlröschen in der Mehlmischung wenden, gut abtropfen lassen und in das heiße Öl geben. In 3-4 Minuten goldbraun ausbacken.

Auf Küchenpapier entfetten und heiß servieren. Dazu passt z. B. Pflaumensoße (siehe Seite 166).

Chao he cai

GEBRATENES MISCHGEMÜSE

FÜR 4 PERSONEN

100 g Glasnudeln
90 ml Erdnussöl
2 cm frische Ingwerwurzel,
in streichholzgroße Stifte geschnitten
200 g Chinakohl, ohne Strunk,
in feine Streifen gehobelt
100 g Karotten, in streichholzgroße Stifte geschnitten
200 g Bambussprossen,
100 g Sojasprossen
in streichholzgroße Stifte geschnitten
100 g getrocknete Morcheln, mit kochendem Wasser
bedeckt überbrüht,
20 Minuten eingeweicht,
in feine Streifen geschnitten
2 Tl Sherry, Medium Dry
2 Tl Zucker
2 kleine getrocknete Chilischoten, zerbröselt
200 ml klare Brühe
1 gestr. El Speisestärke, mit 5 El Wasser angerührt
1 El Petersilie, fein gehackt
1 El Sesamöl

Die Glasnudeln in einen Topf geben und mit 700 ml kochendem Wasser übergießen. Bedeckt eine halbe Stunde ziehen lassen. Anschließend mit kaltem Wasser abschrecken. In 15 cm lange Stücke schneiden.

Das Öl in einer großen, beschichteten Pfanne erhitzen. Den Ingwer im heißen Öl unter Rühren anbraten. Dann nach und nach Chinakohl, Karotten, Bambus- und Sojasprossen zugeben und unter Rühren braten. Die Morcheln dazugeben und kurz mit braten. Mit dem Sherry ablöschen. Den Zucker und die Chilischoten dazugeben, die Brühe angießen und aufkochen. Die Glasnudeln unterziehen und 3 Minuten kochen lassen. Dann die angerührte Speisestärke dazugeben und kurz aufkochen lassen, bis die Soße eindickt. Vom Herd ziehen und Petersilie und Sesamöl über das Mischgemüse geben. Heiß servieren.

Ga li tu dou

GEMÜSECURRY

FÜR 4 PERSONEN

500 ml Erdnussöl
400 g Kartoffeln, geschält,
in 1,5 cm Würfel geschnitten, abgetrocknet
100 g Frühlingszwiebeln, nur das Weiße
in 1 cm lange Streifen geschnitten
2 Knoblauchzehen, geschält, fein gehackt
2 cm frische Ingwerwurzel, geschält,
in Juliennestreifen gehobelt
1 geh. Tl Currypulver
1 getrocknete kleine Chilischote, zerbröselt
½ Tl Salz
1½ El dünne Sojasoße

Das Öl im Wok auf 190 °C erhitzen. Die Kartoffelwürfel schwimmend goldbraun ausbacken. Auf Küchenpapier abtropfen lassen. Bis auf 3 El das Öl aus dem Wok abgießen (Vorsicht! Verbrennungsgefahr!) und erhitzen. Nacheinander Frühlingszwiebeln, Knoblauch und Ingwer unter Rühren anbraten. Die Hitze reduzieren und das Currypulver mit anbraten, bis es seinen Duft entfaltet. Mit 4 El Wasser ablöschen. Mit Chilischote, Salz und Sojasoße abschmecken. Die frittierten Kartoffelwürfel dazugeben und 10 Minuten mit köcheln lassen. Auf einer vorgewärmten Servierplatte zu Tisch bringen.

Cai se li ji si

KAROTTEN, KARTOFFELN, PAPRIKA & CHAMPIGNONS

FÜR 4 PERSONEN

500 g Kartoffeln, geschält,
in streichholzgroße Stifte geschnitten,
gewässert, abgetrocknet
1 El Kartoffelstärke,
in streichholzgroße Stifte geschnitten
600 ml Öl
1 grüne Paprikaschote,
in streichholzgroße Stifte geschnitten
1 Karotte, in streichholzgroße Stifte geschnitten
4 getrocknete schwarze Pilze ohne Stiele,
mit kochendem Wasser bedeckt überbrüht,
20 Minuten eingeweicht,
20 Minuten gekocht,
fein gehackt, in streichholzgroße Stifte geschnitten
2 cm frische Ingwerwurzel,
in streichholzgroße Stifte geschnitten
2 Tl Sherry, Medium Dry
Salz zum Abschmecken
2 Tl Zucker
100 ml Wasser
1 gestr. El Speisestärke, mit 5 El Wasser angerührt
1 El Sesamöl

Die Kartoffelstifte mit dem Kartoffelmehl gründlich in einer Schüssel vermischen und kurz durchziehen lassen.

Das Öl im Wok auf mittlerer Hitze erwärmen. Die Kartoffelstifte im heißen Öl ca. 15 Sekunden frittieren. Sie dürfen nur halbgar sein. Mit einem langen Holzstäbchen verhindern, dass die Stifte aneinander kleben. Mit dem Schaumlöffel aus dem Öl heben und auf Küchenpapier entfetten. Bis auf 3 El das Öl aus dem Wok abgießen (Vorsicht! Verbrennungsgefahr!) und erneut erhitzen. Nacheinander Paprika, Karotten, Pilze und Ingwer ins Öl geben und unter ständigem Rühren anbraten. Sherry angießen, mit Salz und Zucker abschmecken. Die frittierten Kartoffelstifte dazugeben und ein paar Sekunden mitbraten. 100 ml Wasser angießen, kurz aufkochen. Dann die angerührte Kartoffelstärke dazugeben, aufkochen und die Soße eindicken lassen. Vom Feuer nehmen.

Vor dem Servieren mit Sesamöl beträufeln. Heiß auftragen.

Yu xiang quie zi

AUBERGINE MIT MORCHELN

FÜR 4 PERSONEN

15 g getrocknete Morcheln,
mit kochendem Wasser bedeckt überbrüht,
20 Minuten eingeweicht
2 Auberginen, ca. 700 g
Erdnuss- oder Maisöl zum Ausbraten
5 Knoblauchzehen, geschält, fein gehackt
5 mm frische Ingwerwurzel, geschält, fein gehackt
3 Frühlingszwiebeln,
in 2,5 cm lange Stücke geschnitten,
das Weiße und Grüne getrennt
1½ Tl Süße-Bohnen-Paste
1 El Sherry, Medium Dry
1 Tl Salz
1 Tl Zucker
1 El dünne Sojasoße
½ Tl Kartoffelstärke, in 3 El Wasser aufgelöst
1 El Weißweinessig

Die sorgfältig gewässerten und ausgespülten Morcheln ausdrücken und in feine Streifen schneiden.

Die Auberginen der Länge nach „zebraartig" abschälen, d. h. einen Streifen abschälen, einen Streifen Haut stehen lassen usw. Der Länge nach in 4–5 Scheiben schneiden, diese wieder längs in 2–3 Streifen, die Streifen in 2–3 Rechtecke.

Den Wok zur Hälfte mit Öl füllen und auf eine Temperatur von 180 °C erhitzen. Die Auberginenstücke 2 Minuten frittieren. Abschöpfen und auf Küchenpapier entfetten.

Bis auf ½ El das Öl aus dem Wok abgießen (Vorsicht! Verbrennungsgefahr!) und wieder stark erhitzen, bis es raucht. Den Knoblauch zufügen und, sobald dieser Farbe annimmt, den Ingwer und das Weiße der Frühlingszwiebeln. Die Bohnenpaste, Auberginen und Morcheln nacheinander zugeben und gut rühren. Kurz anbraten und dann mit Sherry, Salz, Zucker und Sojasoße abschmecken. Die aufgelöste Kartoffelstärke angießen und das Grüne der Frühlingszwiebeln kurz mit braten, bis die Soße eindickt. Zum Schluss mit Essig beträufeln und noch einmal durchrühren, bevor das Auberginengericht auf einer warmen Servierplatte zu Tisch gebracht wird.

Hong shao mian jin

GEBRATENE MEHLKLÖSSCHEN MIT PILZEN

FÜR 4 PERSONEN

20 kleine, getrocknete chinesische Pilze,
mit kochendem Wasser
bedeckt überbrüht, 20 Minuten eingeweicht
20 gekochte Mehlklößchen
4 El Erdnuss- oder Maisöl
175 g Bambussprossen aus der Dose,
in dünnen Scheiben
1 Prise Salz
2¹/₂ El dicke Sojasoße
1 Tl Zucker
2–3 El Sesamöl

Überschüssiges Wasser aus den Pilzen drücken, die Einweichflüssigkeit aufbewahren. Überschüssiges Wasser aus den gekochten Mehlklößchen drücken.

Den Wok stark erhitzen, bis er raucht. 2 El Öl in den Wok gießen und durch Schwenken über die Innenfläche verteilen. Die Pilze hinzufügen und mit einem Holzspatel durch das heiße Öl rühren, bis sie gut erhitzt sind. Einen weiteren El Öl hinzugeben und die Bambussprossen auf die gleiche Weise mit braten. Den restlichen Esslöffel Öl und die Mehlklößchen dazugeben und gut umrühren.

Mit dem Pilzeinweichwasser ablöschen. Mit Salz, Sojasoße und Zucker abschmecken. Noch einmal aufkochen lassen, dann die Hitze reduzieren. Alles 30 Minuten auf kleiner Flamme leicht köcheln lassen.

Zum Schluss den Wok noch einmal stark erhitzen und unter ständigem Rühren die restliche Flüssigkeit fast ganz verkochen lassen.

Auf einer warmen Servierplatte anrichten und mit dem Sesamöl beträufeln.

124

125

Jiang you dou fu

GEBRATENE SOJASPROSSEN

FÜR 4 PERSONEN

---

450 g Sojasprossen
3 El Erdnuss- oder Maisöl
4 Frühlingszwiebeln,
in 2,5 cm lange Stücke geschnitten,
das Weiße und Grüne getrennt
3 sehr dünne Scheiben frische Ingwerwurzel, geschält
½ Tl Salz
2 Tl dünne Sojasoße

Die Sojasprossen waschen, gut abtropfen, und im Kühlschrank trocknen lassen. Sie müssen ganz trocken sein, bevor sie gebraten werden.

Den Wok stark erhitzen, bis er raucht. Das Öl zufügen und durch Schwenken verteilen. Das Weiße der Frühlingszwiebeln zufügen und kurz anbraten, dann den Ingwer dazugeben. Die Sojasprossen zugeben und 2-3 Minuten pfannenrühren. Mit Salz bestreuen und das Grüne der Frühlingszwiebeln kurz vor Ende der Garzeit dazugeben. Die Sojasprossen sollten gar sein, aber noch Biss haben.

Auf einer gewärmten Servierplatte anrichten und mit der Sojasoße übergießen.

Fu ru jiao si chao be cai

SPINAT MIT TOFU

FÜR 4 PERSONEN

---

450 g frischer Blattspinat, gewaschen
1 Tl Salz
5 El Erdnuss- oder Maisöl
100 g Tofu
½ Tl Zucker
5 Knoblauchzehen, geschält, fein gehackt
½ frische Chilischote, entkernt,
in feine Streifen geschnitten
2 Tl Sherry, Medium Dry

Den Spinat von holzigen Teilen oder Stielen säubern. Wasser in einem großen Topf aufkochen, das Salz und 1 El Öl zufügen. Den Spinat 1 Minute blanchieren. Gut abtropfen lassen und vorsichtig so gut wie möglich ausdrücken.

Den Tofu mit etwas eigener Flüssigkeit in einer Schüssel mit einer Gabel zerdrücken und den Zucker untermischen.

Den Wok erhitzen, 4 El Öl angießen und durch Schwenken verteilen. Knoblauch, Tofu und Chilischote zufügen und umrühren. Den Sherry angießen. Den Spinat zufügen und für 1-2 Minuten pfannenrühren.

Auf einer gewärmten Servierplatte anrichten und sofort auftragen.

Quing chao ya cai

GEBRATENER TOFU MIT FRÜHLINGSZWIEBELN

FÜR 4 PERSONEN

---

4 x 200 g Tofu
3 El Erdnuss- oder Maisöl
6 Frühlingszwiebeln, geputzt,
in feine Röllchen geschnitten,
das Grüne und Weiße getrennt

Für die Soße:
¹/₄ Tl Salz
¹/₄ Tl Zucker
1 El dicke Sojasoße oder Austernsoße
1 El dicke Sojasoße
1 Tl Sherry, Medium Dry

Den Tofu in heißem Wasser 15 Minuten zie-hen lassen.

Jeden Tofukuchen in 32 Würfel schneiden: quer halbieren, längs halbieren, vierteln etc.

Für die Soße Salz, Zucker, Sojasoße und Sherry vermischen.

Den Wok erhitzen, bis er raucht. Das Öl zu-fügen und durch Schwenken verteilen. Das Weiße der Frühlingszwiebeln pfannenrühren, dann die Tofuwürfel dazugeben. Unter vorsichti-gem Wenden die Tofustücke von allen Seiten 1 Minute anbraten.

Die Soße angießen, behutsam weiterrühren, bis die Tofuwürfel die Soße leicht angenommen haben. Die Hitze reduzieren und das Ganze bedeckt 1 Minute köcheln lassen.

Das Grüne der Frühlingszwiebeln dazugeben und noch kurz mit kochen. Auf einer gewärm-ten Platte anrichten und sofort servieren.

Cong you bing

FRÜHLINGSZWIEBELKUCHEN

FÜR 6 PERSONEN ALS HAUPTGANG

550 g Mehl
350 ml kochendes Wasser
15–30 ml kaltes Wasser
1–2 Tl Sesamöl
1¹/₂ Tl Salz
100 g Margarine
350 g Frühlingszwiebeln,
in dünne Röllchen geschnitten
Erdnuss- oder Maisöl zum Braten

Das Mehl in eine große Rührschüssel sieben. Das kochende Wasser nach und nach mit einer Gabel oder Stäbchen unterarbeiten. Mit den Fingern zusammenkneten, solange der Teig noch warm ist. Das kalte Wasser dazugeben und das Ganze zu einem festen, aber nicht harten Teig verkneten. Noch 3 Minuten weiter kneten und dann den Teig bedeckt mindestens 30 Minuten ruhen lassen.

Eine Arbeitsfläche mit dem Sesamöl bestreichen, ebenso ein chinesisches Nudelhölzchen (1 cm Durchmesser, 15 cm lang).

Den Teig auf die Arbeitsfläche geben. Noch einmal gründlich durchkneten und zu einer Rolle rollen, die anschließend in 6 gleiche Teile geschnitten wird.

Die Teigteile mit dem Nudelhölzchen von außen nach innen zu Kreisen von ca. 17 cm Durchmesser ausrollen, die Ränder sollten dünner sein als das Zentrum. Jeden Teigkreis mit einer guten Prise Salz bestreuen und festdrücken. Jeweils 15 g Margarine in der Mitte verteilen, nicht zu nah an den Rändern.

Je 5 El Frühlingszwiebelröllchen längs der Mittellinie verteilen, einen Rand freilassen.

Den Teig über die Füllung rollen, wobei nichts herausfallen darf. Beide Enden zudrücken. Dann beide Enden zur Mitte einrollen, in der Mitte leicht gegenläufig verdrehen. Zum Schluss den Teig zu einem Bällchen zusammendrücken.

Den Teigball von allen Seiten vorsichtig auf der Unterlage zu einem Kreis von ca. 15 cm Durchmesser und 3 cm Dicke ausrollen.

Eine beschichtete, schwere Bratpfanne erhitzen, 2 El Öl angießen und erhitzen. Einen Frühlingszwiebelkuchen in die Pfanne geben, die Hitze reduzieren und bedeckt 4-5 Minuten braten, bis die Unterseite goldbraun ist. Den Zwiebelkuchen mithilfe eines Tellers umdrehen und genauso braten. Immer darauf achten, dass der Zwiebelkuchen nicht verbrennt. Wenn der Kuchen fertig ist, auf Küchenpapier entfetten und auf einer Servierplatte warm halten. Die restlichen Frühlingszwiebelkuchen auf die gleiche Weise zubereiten.

Vor dem Servieren jeden Kuchen in 6-8 Teile schneiden.

Man kann dieses Gericht auch gut vorbereiten. Die Frühlingszwiebelkuchen werden dann im Ofen bei 180 °C auf einer gefetteten, feuerfesten Platte in 15 Minuten wieder aufgewärmt.

Reis, Nudeln & Klöße

Reis, Nudeln & Klöße

„Die beste Sache ist der Schlaf – die beste Speise Jiao zi."
(altes chinesisches Sprichwort)

Eine Frage drängt sich beim Lesen eines chinesischen Kochbuchs sehr schnell auf: „Welche Beilage passt zu diesem Gericht?" Die Antwort liegt natürlich auf der Hand und lautet fast immer: Reis! Der lässt sich allerdings so vielfältig zubereiten, dass man eine größere Palette an Beilagen gar nicht vermisst.

In der chinesischen Nudel – egal ob aus Reismehl oder mit Eiern hergestellt – begegnet man der Vorläuferin von Spaghetti, Lasagne oder Maccaroni. Ob es allerdings Marco Polo war, der die köstlichen Teigwaren von seinen mittelalterlichen Fernostreisen mit nach Europa brachte, oder russische Kaufleute, oder gar die Mongolen bei ihren westlichen Raubzügen, das bleibt bis heute in der Forschung umstritten.

Ein echtes Schmankerl der chinesischen Küche, das sich in der westlichen Welt noch nicht flächendeckend herumgesprochen hat, sind die köstlichen Klößchen. Für die Chinesen stehen z.B. Jiao zi für Glück und Reichtum. Diese Assoziation beruht wahrscheinlich auf einer halbmondförmigen Münze aus der Quin-Dynastie (1590-1901). Die halbmondförmigen Nudeltäschchen dürfen heutzutage bei keinem größeren Fest, insbesondere in Nordchina, fehlen.

Mi fan

GRUNDREZEPT LANGKORNREIS

FÜR 4 PERSONEN

200 g Langkornreis
2 Tl Erdnuss- oder Maisöl
350 ml Wasser

Den Reis unter fließend kaltem Wasser waschen, bis es kaum mehr milchig ist. Den

Reis in einen schweren Topf geben, Öl und Wasser angießen.

Das Wasser zum Kochen bringen. Einen Deckel aufsetzen, die Hitze aufs geringste Maß reduzieren. Nach einer guten Viertelstunde ist der Reis gar. Den Deckel anheben und prüfen. Sollte er noch nicht durch sein, noch ein wenig Wasser angießen, noch einmal erhitzen, Deckel aufsetzen und nach wenigen Minuten noch einmal prüfen. Vor dem Servieren den Reis auflockern.

Chao mi fan

GEBRATENER REIS

FÜR 4 PERSONEN

400 g gekochter Reis,
3–4 Stunden ausgekühlt
2 El Erdnuss- oder Maisöl
2 Frühlingszwiebeln, in feine Ringe geschnitten,
das Weiße und Grüne getrennt
1 großes Ei, verquirlt mit 2 Tl Öl und 1/4 Tl Salz
Salz zum Abschmecken
2 Tl dicke Sojasoße
2 El klare Brühe

Die Reiskörner lockern. Den Wok stark erhitzen, bis er raucht. Das Öl zugeben und durch Schwenken verteilen. Das Weiße der Frühlingszwiebeln dazugeben, ein paarmal umrühren, dann das Ei dazugeben. Das Ei ein paar Sekunden an der Unterseite stocken lassen. Den Reis und das Grüne der Frühlingszwiebeln zufügen und 3-4 Minuten kräftig pfannenrühren, bis er heiß ist. Mit Salz und Sojasoße abschmecken. Sollte der Reis durchs Abkühlen schon recht hart geworden sein, helfen jetzt 2 El klare Brühe, ihn wieder geschmeidig zu machen.

Der gebratene Reis eignet sich als Beilage und als köstliches Hauptgericht gleichermaßen.

Yang zhou chao fan

GEBRATENER REIS MIT KRABBEN, SCHINKEN & ERBSEN

FÜR 4 PERSONEN

---

225 g frische oder tiefgefrorene rohe Krabben, geschält
7 El Erdnuss- oder Maisöl
2 Knoblauchzehen, geschält, fein gehackt
1 El Sherry, Medium Dry

800 g gekochter Reis,
mindestens 3–4 Stunden ausgekühlt
225 g tiefgefrorene Erbsen
4 Frühlingszwiebeln, in feine Röllchen geschnitten
das Weiße und Grüne getrennt
1 großes Ei, verquirlt
225 g gekochter Schinken, gewürfelt
1¹/₂ Tl dicke Sojasoße
3 Tl klare Brühe

Für den Pfannkuchen:
1 großes Ei
1 El Erdnussöl
Salz und Pfeffer aus der Mühle

Für die Marinade:
1 Prise Salz
1¹/₂ Tl Maisstärke
¹/₂ Eiweiß

Die gefrorenen Krabben auftauen, gegebenenfalls schälen, die Köpfe entfernen, ausnehmen, in Stücke von 2 cm Länge schneiden und trockentupfen.

Für die Marinade Salz, Maisstärke und Eiweiß verquirlen. Unter die Krabben rühren und mindestens 3 Stunden, besser über Nacht, ziehen lassen.

Den Wok stark erhitzen, bis er raucht. 2 El Öl angießen und durch Schwenken verteilen. Den Knoblauch zugeben. Wenn er Farbe annimmt, die Krabben dazugeben. Die Krabben trennen,

damit sie nicht zusammenkleben und für 45 Sekunden pfannenrühren, bis sie eine rosa Farbe bekommen haben. Den Sherry angießen, kurz aufköcheln und die Krabben mit dem Schaumlöffel aus dem Wok heben.

Das Ei mit 1 El Öl und etwas Salz und Pfeffer verquirlen. Eine beschichtete Pfanne auf mittlerer Flamme erhitzen, 1 El Erdnussöl angießen, durch Schwenken verteilen und erhitzen. Die Hälfte der Eimasse in die Pfanne füllen und durch Schwenken über den Pfannenboden verteilen. Wenn die eine Seite leicht zu bräunen beginnt, den Pfannkuchen wenden und die andere Seite für ein paar Sekunden braten. Die Pfannkuchen auf einen Teller geben und in feine Streifen schneiden.

Die Reiskörner auflockern. Die gefrorenen Erbsen in reichlich kochendem Salzwasser 3 Minuten blanchieren und gut abtropfen lassen.

Den Wok säubern, trockenreiben und wieder stark erhitzen, bis er raucht. Die restlichen 4 El Öl angießen und durch Schwenken verteilen. Das Weiße der Frühlingszwiebeln in den Wok geben und kurz anbraten, dann das verquirlte Ei und den Reis dazugeben. Mit dem Kochlöffel alles gründlich pfannenrühren, damit sich der Reis mit dem Ei und den Frühlingszwiebeln vermischt. Wenn alles gut erhitzt ist, nacheinander Schinken, Erbsen und Krabben zugeben, gut umrühren. Sojasoße und Brühe unter Rühren beigeben. Zum Schluss das Grüne der Frühlingszwiebeln und die Hälfte der Pfannkuchenstreifen unterheben, kurz erwärmen.

Alles auf einer gewärmten Servierplatte anrichten, die restlichen Pfannkuchenstreifen über den Reis geben und heiß auftragen.

Shen chao niu rou fan

GEBRATENER REIS MIT RINDFLEISCH

FÜR 2 PERSONEN ALS HAUPTGANG

225 g Rinderlende
400 g gekochter Reis,
mindestens 3–4 Stunden ausgekühlt
5 El Erdnuss- oder Maisöl
4 Knoblauchzehen, geschält, fein gehackt
4 Frühlingszwiebeln, gewaschen,
in feine Röllchen geschnitten,
das Weiße und Grüne getrennt
1 Ei, verquirlt
3 Blätter Eisbergsalat, in feine Streifen geschnitten

Für die Marinade:
½ Tl Salz
½ Tl Zucker
2 Tl dünne Sojasoße
2 Tl dicke Sojasoße
Schwarzer Pfeffer aus der Mühle
1 Tl Sherry
½ Tl Kartoffelstärke
4 El Wasser
1 El Erdnuss- oder Maisöl

Das Rindfleisch in möglichst kleine Würfelchen schneiden und in eine Schüssel geben.

Für die Marinade das Salz, den Zucker, Sojasoße, Pfeffer, Sherry und Kartoffelstärke zum Rindfleisch geben. Das Wasser esslöffelweise unterrühren und gründlich vermischen. 15 Minuten ziehen lassen. Dann das Öl untermischen. Die Reiskörner auflockern. Den Wok stark erhitzen, bis er raucht. 3 El Öl angießen und durch Schwenken verteilen. Unter gelegentlichem Rühren den Knoblauch zufügen, dann den Ingwer und das Weiße der Frühlingszwiebeln. Rindfleisch zufügen und unter Rühren braten. Wenn das Fleisch halb gar ist, den Sherry angießen und weiterrühren. Das verquirlte Ei und den Reis dazugeben und 2 Minuten pfannenrühren. Die restlichen 2 El Öl angießen und mit dem Reis vermischen. Vom Herd ziehen, wenn der Reis das Öl aufgenommen hat.

Die Hälfte des Salats und das Grüne der Frühlingszwiebeln auf den Reis geben und einmal durchmischen. Auf einer gewärmte Servierplatte anrichten, mit dem restlichen Salat bestreuen und heiß zu Tisch bringen.

Ji rou chao fan

REIS MIT HUHN UND SHIITAKE-PILZEN

FÜR 4 PERSONEN

Für die Marinade:
1¹/₂ Tl Maisstärke
1 El Wasser
1 El dünne Sojasoße
1 Tl dicke Sojasoße
1 Tl Zucker
1 Tl Sherry, Medium Dry

250 g Hühnerbrust, ohne Haut und Knochen,
in feine Würfel geschnitten
300 g Langkornreis
1 Tl Salz
2 Tl Erdnussöl
1 l Hühnerbrühe
4 dünne Scheiben frische Ingwerwurzel, geschält
2 Frühlingszwiebeln, nur das Weiße,
in feine Röllchen geschnitten
3 Shiitake-Pilze, gewaschen, ohne Stiele,
in 5 mm Streifen geschnitten

Für die Marinade die Maisstärke mit Wasser glatt rühren. Sojasoßen, Zucker und Sherry untermischen.

Das klein geschnittene Hühnerfleisch in eine Schüssel geben. Die Marinade angießen und gründlich durch Rühren vermischen. Mindestens 15 Minuten ziehen lassen.

Den Reis gründlich unter fließendem Wasser waschen, bis es nicht mehr milchig ist. Abtropfen lassen, mit Salz und Öl vermischen. In einen großen Kochtopf oder eine Kasserolle geben und mit der Brühe bis 3 cm über dem Reis aufgießen. Bei starker Hitze zum Kochen bringen und auf mittlere Hitze zurückschalten, bis die Brühe auf die Höhe des Reises verkocht ist.

Fleisch, Ingwer, Frühlingszwiebeln und Pilze auf den Reis geben und bedeckt 10 Minuten bei leichter Hitze kochen lassen. Dann gut umrühren und die Zutaten unter den Reis mischen. 30 Sekunden bei starker Hitze aufkochen, dann wieder auf kleiner Flamme – diesmal ohne Deckel – 10 Minuten köcheln lassen.

Yuan yang fan

YIN-YANG-REIS

450 g mageres Schweinefleisch
900 g frische oder Dosentomaten,
den Saft auffangen
80 ml Erdnuss- oder Maisöl
1 Knoblauchzehe, geschält und fein gehackt
1/2 Tl Salz
1/2 Tl Zucker
550 g frisch gekochter Reis
3–4 Knoblauchzehen, in feinste Stifte geschnitten
1 El Sherry, Medium Dry
6 Eiweiß, verquirlt mit 1/2 Tl Salz

Für die Marinade:
1/2 Tl Salz
1 Prise Zucker
1 El dünne Sojasoße
1 Tl Sherry, Medium Dry
Weißer Pfeffer aus der Mühle, reichlich
1 Tl Kartoffelstärke
1–2 El Wasser
1–2 El Erdnuss- oder Maisöl

Für die Soße:
Saft der Tomaten
2 Tl Kartoffelstärke
1 El dünne Sojasoße
1 El Austernsoße

Das Schweinefleisch in sehr feine Streifen schneiden und in eine Schüssel geben.
Für die Marinade Salz, Zucker, Sojasoße, Sherry, Pfeffer und Kartoffelstärke mischen und zum Schweinefleisch geben. Gleichmäßig unterrühren. Das Wasser einrühren, damit die Masse geschmeidiger wird. 30 Minuten ziehen lassen, dann das Öl unterrühren.

Die frischen Tomaten leicht angeritzt einige Minuten in kochendem Wasser blanchieren, dann die Haut abziehen. Die Kerne entfernen, die Tomaten in Würfelchen schneiden, in einem Sieb abtropfen lassen, den Saft für die Soße aufbewahren. Die Dosentomaten durch ein Sieb abgießen, den Saft auffangen.

Den Wok erhitzen, bis er raucht. 2 El Öl angießen und durch Schwenken über die ganze Innenfläche verteilen. Den gehackten Knoblauch zufügen und kurz darauf die Tomatenstückchen dazugeben, ein paarmal umrühren. Mit Salz und Zucker würzen. Bedeckt bei mittlerer Hitze 5 Minuten köcheln lassen. Tomaten und Knoblauch in ein feines Sieb geben, die Flüssigkeit für die Soße auffangen. In einer Schüssel im ausgeschalteten Ofen warm stellen.

Für die Soße Tomatensaft, Kartoffelmehl, Soja- und Austernsoße mischen. Den frisch gekochten Reis auf einer Servierplatte warm halten.

Den Wok auswischen, wieder stark erhitzen, bis er raucht, 4 El Erdnussöl einfüllen und durch

Schwenken über die Innenfläche verteilen. Die Knoblauchstiftchen im Öl anbraten, sobald sie Farbe annehmen, das fein geschnittene Schweinefleisch dazugeben. Mit einem Holzspatel das Bratgut gut durch das Öl rühren, bis das Schweinfleisch nach 1 Minute weiß geworden ist. Jetzt den Sherry angießen und weiterrühren, dann die Tomaten-Soßen-Mischung unter Rühren beigeben. Die Soße eindicken lassen. Den Inhalt des Woks jetzt über den Reis geben und wieder warm stellen.

Den Wok erneut auswischen und wieder erhitzen. Das restliche Öl erhitzen und schwenken. Das Eiweiß mit einem Holzspatel einrühren, bis es in weißen Flöckchen geronnen ist. Aus dem Wok heben und auf dem Fleisch in Form des unteren, kurvigen Yin-Zeichens anrichten. Die Tomaten-Knoblauch-Masse wird in Form des Yang-Zeichens auf den oberen Teil der Reismasse verteilt. Wer möchte, kann noch je eine grüne Erbse in den Schwerpunkt der Yin- und Yang-Hälfte setzen.

Bao zi

GEFÜLLTE HEFEKLÖSSE AUS NORDCHINA

FÜR 24 KLÖSSE

Für den Teig:
1 Tütchen Trockenhefe
oder 1 Würfel frische Hefe (42 g)
250 ml handwarmes Wasser
700 g Mehl
50 g Zucker
2 Tl Maisöl
125 ml kochendes Wasser
2 Tl Sesamöl

Für die Fleischfüllung:
25 g frische Ingwerwurzel, geschält
150 g Frühlingszwiebeln, weiße Teile
1 große Kartoffel, geschält
200 g Rinderhackfleisch
3 El dünne Sojasoße
1 gestr. Tl 5-Gewürze-Pulver
11 Tl Zucker
1 Tl Salz

Für die Gemüsefüllung:
80 g Glasnudeln, gekocht
200 g Blattspinat, gewaschen und
geputzt, ohne Stielansatz
2 Eier, aufgeschlagen
80 g getrocknete Morcheln,
mit kochendem Wasser bedeckt
überbrüht, 20 Minuten eingeweicht, ohne Stiele
80 g weißer Rettich, fein gerieben
1 Tl Salz
Weißer Pfeffer aus der Mühle
1 El Sesamöl
1 Tl 5-Gewürze-Pulver

Für den Teig die Hefe mit handwarmem Wasser in einer Rührschüssel auflösen, 150 g gesiebtes Mehl dazugeben, gut vermischen. Mit einem Tuch bedeckt eine Stunde ruhen lassen, bis die Hefe Bläschen wirft.

Den Zucker und das Maisöl in 125 ml kochendem Wasser auflösen, gut umrühren, dann abkühlen, bis es handwarm ist. Zum Hefeansatz geben und das restliche Mehl dazusieben.

Den Teig auf einer leicht bemehlten Arbeitsfläche kneten, bis er geschmeidig ist. In einer gefetteten, vorgewärmten Schüssel abgedeckt mit einem feuchten Tuch an einem warmen Ort mindestens 2 Stunden gehen lassen, bis sich das Teigvolumen verdoppelt hat.

Die Fleischfüllung vorbereiten: Den Ingwer, die Frühlingszwiebeln und die Kartoffel erst in kleine Stücke schneiden, dann in der Küchenmaschine oder von Hand sehr fein hacken. Die Kartoffel darf fast zu Mus zerkleinert werden, da sie zur Bindung dient. Das zerkleinerte Gemüse mit Hackfleisch, Sojasoße, Gewürzpulver, Zucker und Salz gründlich vermengen. Die Masse darf ruhig sehr salzig schmecken, da sie später noch an den ungesalzenen Teig Geschmack abgeben muss.

Für die Gemüsefüllung die Glasnudeln in 1 cm lange Streifchen schneiden, den Blattspinat klein schneiden und in der Küchenmaschine oder von Hand sehr fein hacken. Die Eier mit 1 Tl Wasser und einer Prise Salz verquirlen und in einer beschichteten Pfanne zu einem krümeligen Rührei braten. Die gewässerten Morcheln fein hacken. Den Rettich dazugeben und mit Salz, Pfeffer, Sesamöl und dem 5-Gewürze-Pulver abschmecken. Alle Zutaten zu einer glatten Masse verarbeiten.

Den Teig in zwei Hälften teilen. Die Teigportionen mindesten zwei Minuten kräftig durchkneten, bis der Teig geschmeidig ist. Jede

Teigportion mit den Händen zu einer Rolle von 30 cm Länge und 5 cm Durchmesser rollen. Beide Rollen in jeweils 12 gleiche Scheiben schneiden (ergibt 24 Klöße).

Die Teigstücke mit der Hand flach pressen. Mit dem chinesischen Nudelhölzchen (1 cm Durchmesser, 15 cm lang) von außen nach innen zu runden Teigflecken von 7 cm Durchmesser ausrollen, die Ränder etwas dünner als die Mitte.

Wenn man auf eine Füllung verzichtet, werden die Hefeklößchen innen mit Sesamöl bestrichen, über die Mitte zu einem Halbkreis zusammengeklappt und an den Rändern festgedrückt. Man kann die Ränder noch mit der Gabel einkerben, damit die Taschen etwas hübscher aussehen.

Für gefüllte Hefeklößchen einen guten El von der jeweiligen Füllung in die Mitte der Teigflecken setzen. Die Ränder über der Füllung mit den Fingern zusammenfälteln und fest zusammendrücken. Zum Schluss die Hefeklößchen noch an den beiden Enden nach vorne biegen, so dass eine leichte Krümmung entsteht und die Klößchen stehen können.

Die Hefeklößchen auf ein mit Folie ausgekleidetes Blech setzen und mit einem feuchten Tuch bedecken. Nach einer halben Stunde, wenn sich die Klößchen noch einmal im Volumen verdoppelt haben, können sie zubereitet werden.

Dazu die Klößchen auf ein zugeschnittenes Tuch ins Bambusdämpfkörbchen setzen und über kochendem Wasser 10 Minuten dämpfen, die gefüllten Exemplare für 30 Minuten. Die ungefüllten Hefeklößchen passen hervorragend zu Pekingente oder zur knusprigen Ente aus Sezuan. Gefüllt ergeben sie mit verschiedenen Soßen gereicht eine köstliche Hauptmahlzeit.

Guo tie oder Jiao zi

NUDELTÄSCHCHEN AUS NORDCHINA

FÜR CA. 100 NUDELTÄSCHCHEN

Für den Teig:
550 g Mehl
350 ml kochendes Wasser
15–30 ml kaltes Wasser

Füllungen wie für gefüllte Hefeklöße aus Nordchina
[siehe Rezept S. 140]

Zum Braten pro Pfanne:
2 El Erdnuss- oder Maisöl
120 ml heißes Wasser mit 2 Tl Öl und
1 Tl Weißweinessig

Das Mehl in eine große Rührschüssel sieben. Das kochende Wasser nach und nach mit einer Gabel oder Stäbchen unterarbeiten. Mit den Fingern zusammenkneten, solange der Teig noch warm ist. Das kalte Wasser dazugeben und das Ganze zu einem festen, aber nicht harten Teig verkneten. Noch 3 Minuten weiterkneten und dann den Teig bedeckt mindestens 30 Minuten ruhen lassen (man kann den Teig auch einige Stunden ruhen lassen, er wird dadurch nur geschmeidiger).

Den Teig in 4 Stücke teilen. Auf einer leicht bemehlten Arbeitsfläche jedes Stück zu einer langen Rolle von 2 cm Durchmesser mit den Händen ausrollen. Von der Rolle kleine Stückchen von 1,5 cm abschneiden. Die Stückchen auf die Arbeitsfläche setzen, mit der Hand flach drücken und die Oberseite leicht bemehlen. Mit einem chinesischen Nudelhölzchen (1 cm Durchmesser, 15 cm lang) rundum zu Teigkreisen von 7 cm Durchmesser ausrollen, wobei die Ränder etwas dünner als die Mitte sein sollten. Es ist hilfreich, wenn man die Teigkreise mit der einen Hand in eine Richtung dreht und mit der anderen Hand das Nudelhölzchen bis fast zur Mitte über den Teig rollt.

Mit den Fingern etwa 1 cm lange Kerben in den Teigrand drücken. Dann den Teigkreis auf den Mittelfinger setzen, mit Zeige- und Ringfinger die Seiten anheben, so dass ein kleines Schiffchen entsteht. In diese Mulde 2 Tl von der jeweiligen Füllung setzen. Die Ränder über der Füllung in den Falten zusammendrücken und die Enden

des Schiffchens leicht nach vorne biegen, damit die Nudeltäschchen stehen können.

Man kann die Nudeltäschchen nun in reichlich leicht gesalzenem Wasser kochen, immer etwa 20 Stück auf einmal. Zuerst aufkochen und mit einem Stäbchen verhindern, dass sie aneinander oder am Topfboden kleben bleiben. Dann die Hitze reduzieren und die Täschchen bedeckt für 8-10 Minuten leicht köcheln lassen. In diesem Fall heißen sie Jiao zi.

Für die Zubereitung von Guo ti eine schwere beschichtete Pfanne erhitzen. Das Öl angießen und durch Schwenken über die gesamte Innenfläche verteilen. Die Hitze reduzieren und etwa 12 Nudeltäschchen nebeneinander in die Pfanne setzen. Den Deckel auflegen und 3 Minuten braten. Die Wasser-Öl-Mischung angießen, die Hitze erhöhen, den Deckel wieder auflegen und 7 Minuten dämpfbraten. Am Ende der Bratzeit sollte das Wasser gerade verkocht und die Unterseiten der Nudeltäschchen schön braun sein.

Die fertigen Nudeltäschchen mit der gebräunten Seite nach oben auf eine gewärmte Servierplatte geben und entweder warm stellen oder gleich servieren.

143

He yie jia

LOTUSBLÄTTER-KLÖSSCHEN

FÜR 24 KLÖSSCHEN

¹/₂ Tl Trockenhefe
1 El Zucker
175 ml handwarmes Wasser
275 g Mehl
70 g Schweineschmalz
1 El Erdnuss- oder Maisöl
Mehl zum Bemehlen

Die Trockenhefe und den Zucker in ein Schälchen geben, das Wasser dazugeben und gut umrühren. An einem warmen Ort ruhen lassen, bis die Hefe schwitzt.

Das Mehl in eine Rührschüssel sieben, das Schweineschmalz in kleinen Stückchen dazugeben. Die Hefeflüssigkeit unterarbeiten und alles zu einem Teig verarbeiten. Für 2 Minuten durchkneten, bis der Teig geschmeidig ist. Den Teig mit einem feuchten Tuch bedecken. An einem warmen Ort mindestens eine Stunde gehen lassen, bis sich das Volumen verdoppelt hat.

Den Teig auf einer leicht bemehlten Arbeitsfläche noch einmal durchkneten, bis er geschmeidig ist. In zwei gleich große Portionen teilen. Mit beiden Händen jeden Teil zu einer Rolle von je 30 cm rollen. In 12 gleich große Teile schneiden. Jedes Teigstückchen mit der Hand zu einem runden Fladen drücken. Mit einem leicht bemehlten chinesischen Nudelhölzchen (1 cm Durchmesser, 15 cm lang) die Fladen von außen zur Mitte hin ausrollen, wobei die Ränder dünner sein sollten als das Zentrum. Mit einem Finger die Hälfte der Oberfläche eines Teigfladens mit Öl einstreichen, die andere Hälfte des Fladens über den bestrichenen Teil klappen und festdrücken, so dass sich eine halb kreisförmige Teigtasche ergibt. Zusätzlich kann man mit einem Messer ein feines Rautenmuster in die Oberfläche ritzen und auf der zusammengeklappten Seite noch 2 Einkerbungen machen, die den „Mund" der Täschchen in drei gleiche Teile gliedern.

Die Lotusblätter-Klößchen auf ein sehr feuchtes Tuch setzen und so in den Bambusdämpfkorb legen. 12 Minuten über kochendem Wasser dämpfen.

Auf einer vorgewärmten Platte servieren. Diese Klößchen werden traditionell zur knusprigen Ente aus Sezuan gereicht.

Mian jin

MEHLKLÖSSCHEN

ERGIBT 40 KLÖSSCHEN

900 g Weizenmehl (Typ 1150 oder 550)
1 El Salz
500–550 ml Wasser
Erdnuss- oder Maisöl

Das Mehl in eine große Rührschüssel sieben und das Salz zufügen. Nach und nach das Wasser unterarbeiten und zu einem glatten, aber nicht festen Teig verarbeiten, er muss sich leicht ziehen lassen ohne zu reißen. Damit dieses Ergebnis erzielt wird, muss man den Teig so oft wie möglich mit den Händen kneten, klopfen und auf die Arbeitsfläche schleudern. Mit dem Rührhaken der Küchenmaschine so lange wie möglich, möglichst 6 Minuten am Stück, kneten. Auf jeden Fall so lange kneten, bis der Teig geschmeidig und elastisch ist.

Den Teig mit einem Tuch bedeckt 1 Stunde ruhen lassen.

Den Teig in ein Küchensieb geben und ins Spülbecken stellen, das mit einem Stöpsel verschlossen ist. Kaltes Wasser zulaufen lassen und den Teig mit den Händen waschen und auspressen. Der Sinn dieses Vorgangs ist es, alle überschüssigen Mehlanteile aus dem Teig zu waschen. Wenn das Wasser zu milchig wird, muss es gewechselt werden. Nach etwa 12 Minuten wird das Wasser eher leicht trüb als milchig. Der Teig ist zu einer weichen und schwammigen Masse geworden. Noch 1-2 Minuten waschen, dann das überschüssige Wasser ausdrücken. Jetzt kann der Teig weiterverarbeitet werden.

Den Teig mit den Händen in vier Portionen, diese wieder in je 10 gleich große Stücke teilen. Die Mehlklößchen kann man entweder kochen oder frittieren.

Beim Kochen werden die Klößchen in einem großen Kochtopf mit Wasser etwa 4-5 Minuten gekocht. Sie sind fertig, wenn sie an der Oberfläche schwimmen.

Frittiert werden die Klößchen in einem Wok, der bis zur Hälfte mit Öl gefüllt ist. Das Öl muss auf 190 °C erhitzt werden. Die Klößchen werden einzeln ins heiße Fett gesetzt. Man kann bis zu 10 gleichzeitig frittieren, dabei allerdings mit einem Stäbchen verhindern, dass sie zusammenkleben. Die Klößchen beim Frittieren hin und wieder mit Stäbchen umdrehen, damit sie rundum hellbraun werden. Nach etwa 2 Minuten sind sie fertig. Auf Küchenpapier entfetten.

Gekochte Mehlklößchen halten sich im Kühlschrank 2 Tage, frittierte eine Woche. Beide eignen sich hervorragend zum Einfrieren.

Liang mian huang chao mian

BRAUNE NUDELN MIT SCHWEINEFLEISCH

FÜR 4 PERSONEN

---

300 g Chinesische Eiernudeln

300 g mageres Schweinefleisch (Schulter oder Keule)

8 getrocknete mittelgroße chinesische Pilze,
mit kochendem Wasser
bedeckend überbrüht, 20 Minuten eingeweicht

250 ml Erdnuss- oder Maisöl

4 Knoblauchzehen, geschält, fein gehackt

8 Frühlingszwiebeln,
in 2,5 cm lange Stücke geschnitten,
das Weiße und Grüne getrennt

1¹/₂ Tl Sherry, Medium Dry

300 g Sojasprossen

Rotweinessig nach Belieben

Für die Marinade:
³/₄ Tl Salz
³/₄ Tl Zucker
1 Tl dünne Sojasoße
1 Tl dicke Sojasoße
Schwarzer Pfeffer aus der Mühle
1¹/₂ Tl Sherry, Medium Dry
1 Tl Kartoffelstärke
1¹/₄ El Wasser

Für die Soße:
3 Tl Kartoffelstärke
400 ml Brühe und Pilzeinweichwasser
¹/₄ Tl Salz
1 El dicke Sojasoße
3 Tl dünne Sojasoße
2 El Austernsoße

Die Eiernudeln in reichlich Wasser ‚al dente' kochen (der Packungsanweisung folgen), dabei mit einem langen Stäbchen das Zusammenkleben verhindern.

In ein Sieb abgießen und unter kaltem Wasser abschrecken. Eine Stunde austrocknen lassen. Einmal wenden, damit alles trocknen kann.

Das Schweinefleisch in feine Stückchen schneiden und in eine Schüssel geben.

Für die Marinade Salz, Zucker, Sojasoßen, Pfeffer, Sherry und Kartoffelstärke zum Fleisch geben. Das Wasser angießen und kräftig umrühren, damit sich alle Zutaten gut vermischen. Für 30 Minuten ziehen lassen.

Die gewässerten Pilze ausdrücken und das Einweichwasser beiseite stellen. In möglichst kleine Streifchen schneiden.

Für die Soße die Kartoffelstärke mit etwas Brühe glatt rühren. Salz, Soja- und Austernsoße, die restliche Brühe und das Pilzeinweichwasser dazumischen.

Eine beschichtete Pfanne stark erhitzen. 150 ml Öl angießen und erhitzen, bis es raucht. Die Nudeln in die Pfanne geben und glatt drücken wie einen Pfannkuchen. Unter Rütteln an der Pfanne 1 Minute braten, bis die Nudeln an der Unterseite goldbraun sind. Mit dem Pfannenwender den Nudelkuchen umwenden und die andere Seite ebenfalls goldbraun braten. Gegebenenfalls die Hitze etwas reduzieren, damit nichts anbrennt. Auf eine gewärmte Servierplatte geben und warm halten.

Den Wok stark erhitzen, bis er raucht. 4 El Öl angießen und durch Schwenken verteilen. Den Knoblauch zufügen, dann ²/₃ des Weißen der Frühlingszwiebeln zugeben und umrühren. Schweinefleisch zugeben und pfannenrühren, bis es eine weiße Farbe bekommen hat. Den Sherry angießen und weiterrühren. Die Pilze zugeben und ²/₃ des Grünen der Frühlingszwiebeln hinzufügen. Gut pfannenrühren und auf einen gewärmten Teller geben.

Den Wok ausreiben und wieder stark erhitzen, bis er raucht. 3 El Öl zugeben und durch Schwenken verteilen. Das restliche Weiße der Frühlingszwiebeln in den Wok geben, anschließend die Sojasprossen. Für 2 Minuten pfannenrühren. Das Gemüse sollte fast gar sein, aber noch Biss haben. Das restliche Grüne der Frühlingszwiebeln zugeben und kurz mit braten.

Pfannengemüse auf einem Teller warm halten. Die Hitze reduzieren und die gut verrührte Soße angießen. Langsam aufkochen und sich eventuell bildende Klümpchen zerdrücken. Das Schweinefleisch dazugeben, dann die Sojasprossen. Noch einmal aufkochen und dann auf den Nudelkuchen geben.

Nach Belieben kann sich jeder bei Tisch noch etwas Rotweinessig über die Nudeln gießen, das macht das Gericht bekömmlicher.

Jian cong bian mian

NUDELN MIT INGWFR UND FRÜHLINGSZWIEBELN

FÜR 4 PERSONEN

300 g getrocknete chinesische Eiernudeln
90 ml Erdnuss- oder Maisöl
10 cm frische Ingwerwurzel, geschält,
mit dem Juliennemesser in feine Fäden gehobelt
16 Frühlingszwiebeln, das Weiße,
in 5 cm lange Stücke,
dann in feinste Streifen geschnitten
1 Tl Salz
4 El Austernsoße

Die Eiernudeln in reichlich Wasser ,al dente' kochen (der Packungsanweisung folgen),

dabei mit einem langen Stäbchen das Zusammenkleben verhindern. In einem Sieb abtropfen lassen und auf eine gewärmte Platte geben.

Den Wok stark erhitzen, bis er raucht. Das Öl zufügen und durch Schwenken verteilen. Den Ingwer zugeben und für ein paar Sekunden braten. Dann die Frühlingszwiebeln dazugeben und unter ständigem Rühren erhitzen. Mit Salz abschmecken. Vom Feuer ziehen.

Die Nudeln in den Wok geben und mit Holzstäbchen gut mit Gemüse und Öl vermischen. Die Austernsoße angießen und gut vermischen.

Alles auf einer gewärmten Servierplatte zu Tisch bringen.

Kuan fen ban bian dou

GRÜNE BOHNEN MIT BREITEN BANDNUDELN

FÜR 3 PERSONEN

200 g getrocknete breite Glasnudeln
50 g Schweineschmalz
Schwarzer Pfeffer aus der Mühle
1 El Frühlingszwiebel, das Weiße,
in feine Röllchen geschnitten
2 El süße Rote-Bohnen-Paste
500 g Zuckerschoten, geputzt, halbiert
3 El dünne Sojasoße
1/2 Tl Salz

Die Glasnudeln in reichlich kochendem Wasser 3 Minuten kochen. Sofort unter fließendem Wasser abschrecken. Abtropfen lassen und in 3 cm lange Stücke schneiden.

Eine große, beschichtete Pfanne erhitzen, das Schweineschmalz auflösen. In das heiße Schmalz nacheinander Pfeffer, Frühlingszwiebeln und Rote-Bohnen-Paste geben und unter Rühren anbraten. Dann die Zuckerschoten zugeben und 2 Minuten pfannenrühren. Mit Sojasoße und Salz abschmecken. Mit heißem Wasser die Schoten knapp bedecken, die Glasnudeln dazugeben und aufkochen lassen. Die Hitze reduzieren und bedeckt köcheln lassen, bis die Zuckerschoten gar sind.

Auf einer gewärmten Servierplatte anrichten und heiß zu Tisch bringen.

Mian bing

KNUSPRIGE NUDELN MIT GEMÜSE

FÜR 4 PERSONEN

230 g getrocknete dünne chinesische Eiernudeln
2 El Erdnuss- oder Maisöl
4 Knoblauchzehen, geschält, leicht zerdrückt
1 Tl Salz
60 Stangensellerie, in dünne Scheiben gehobelt
120 g rote Paprikaschoten, entkernt,
über die grobe Seite der Küchenreibe gehobelt
120 g Zuckerschoten, geputzt
6 Frühlingszwiebeln,
das Weiße in feine Röllchen geschnitten
300 ml klare Brühe
2 Tl Maisstärke, verrührt mit 2 El Wasser
3 El Sherry, Medium Dry
2 Tl dünne Sojasoße
2 Tl dicke Sojasoße
1/2 Tl scharfes Chiliöl [siehe Rezept S. 167]

Die Nudeln nach Kochanleitung ‚al dente' kochen. Abgießen und auf ein Backblech verteilen.

Eine große, beschichtete Pfanne erhitzen, 1 El Öl angießen und durch Schwenken verteilen. Die Nudeln in die Pfanne drücken, so dass ein gleichmäßiger Nudelkuchen entsteht, der die ganze Fläche der Pfanne bedeckt. Kurz anbraten, dann die Hitze reduzieren und auf kleiner Flamme 10-15 Minuten braten, bis die Unterseite gebräunt ist. Den Nudelkuchen mit einem Pfannenheber am Stück wenden, kurz erhitzen und dann wie die erste Seite auf niedriger Temperatur braten. Wenn die Nudeln zu trocken werden, von Zeit zu Zeit etwas Wasser angießen.

In der Zwischenzeit den Wok stark erhitzen. Den restlichen El Öl zugeben und durch Schwenken verteilen. Den Knoblauch zugeben und für ein paar Sekunden braten, bis er anfängt, Farbe zu nehmen. Dann den Knoblauch herausnehmen. Sellerie und Paprika ins Öl geben und ca. 3 Minuten pfannenrühren. Die Zuckerschoten und Frühlingszwiebeln zugeben und für 2 Minuten pfannenrühren. Die Brühe angießen, aufkochen und salzen. Die gründlich verrührte Maisstärke angießen und aufkochen lassen, während die Soße eindickt. Sherry, Sojasoße und Chiliöl angießen und mitkochen.

Den Nudelkuchen auf einer gewärmten Servierplatte anrichten, die Gemüsesoße darüber geben und alles heiß zu Tisch bringen.

FARINE DE TAPIOCA

ZUTATEN

ART. 68125
Importiert Durch: ASIAN-HOUSE HIMALAYA GmbH
HEINRICH - WELKER - STR.1 GEWERBEPARK 17-19
59069 - HAMM - RHYNERN - 54 F.R. OF GERMANY
Tel: 02385/2663 - 54 Fax: 02385/2665
Mindestens Haltbar bis: 31/12/2002
PRODUKT VON THAILAND

INGREDIENTS: Tapi
ZUTATEN

DE TAPIOCA

ART. 68125
Importiert Durch : ASIAN-HOUSE HIMALAYA GmbH
HEINRICH - WELKEN - STR.1 GEWERBEPARK 17-19
59069 - HAMM - RHYNERN, F.R. OF GERMANY
Tel : 02385/-2663 - 64   Fax : 02385/2665
Mindestens Haltbar bis : 31/12/2002
PRODUKT VON THAILAND

INGREDIENTS : Tapioca flour. Water.   COMPOSITION
ZUTATEN :   ZUTATEN :

FARINE DE TAPIOCA TAPIOKAMEHL
NET WEIGHT 14 OZ. (400 G.)
NETTO INHALT : 400 G.

EXPORTED BY : ORIENTAL FOOD CO., LTD.   122 SOI LARDPRAO
PRODUCT OF THAILAND • PRODUIT DE THAILAND • PROD
JATUJAK BANGKOK 10900 THAILAND

MEHL BOT NANG POIDS NET : 400 G
400 G. • INHOUD : 400 G
122 SOI LARDPRAO 26, JATUJAK BANGKOK 10900 THAILAND • GEPRODUCEERD •
THAILAND • PRODUKT VON THAILAND • PRO

Süßspeisen

Süßspeisen

Außer im Norden Chinas stehen süße Gerichte als Nachspeisen selten auf dem Speiseplan. Viele chinesische Gerichte sind schon süß-sauer oder süß-scharf; man überlässt den krönenden Abschluss eines Menüs daher gerne einer schmackhaften Suppe. Trotzdem gibt es einige Köstlichkeiten, die gerade westlichen Schleckermäulern besonders gut munden dürften.

Bao bing

MANDARIN-PFANNKUCHEN

FÜR 32 PFANNKUCHEN

450 g Mehl
350–375 ml kochendes Wasser
1 El kaltes Wasser
Mehl für die Arbeitsfläche
2 Tl Sesamöl

Das Mehl in eine Rührschüssel sieben. Das kochende Wasser nach und nach zugeben und kräftig mit einem Kochlöffel umrühren. Dann das kalte Wasser dazurühren. Sobald der Teig etwas abgekühlt ist, die Masse mit den Händen ca. 4 Minuten verkneten, zunächst in der Schüssel, später auf einer bemehlten Arbeitsfläche, bis ein geschmeidiger Teig entstanden ist. Mit einem Tuch bedeckt in der Schüssel mindestens 30 Minuten ruhen lassen.

Den Teig auf die leicht bemehlte Arbeitsfläche geben, in zwei Hälften teilen und noch einmal durchkneten, bis er wieder geschmeidig ist. Jede Teighälfte mit den Händen zu einer gleichmäßige Rolle von 40 cm Länge rollen. Diese Rolle in 16 gleiche Stücke von 2,5 cm Breite schneiden. Das ergibt insgesamt 32 Mandarin-Pfannkuchen.

Die Teigstückchen aufrecht auf die Arbeitsfläche stellen, mit der Hand sanft zu gleichmäßig runden Fladen von 5 cm Durchmesser drücken. Die Hälfte der Fladen mit einem Backpinsel auf einer Seite mit Öl bepinseln. Auf den geölten Teil des Fladens einen ungeölten Fladen setzen. Mit einem leicht bemehlten chinesischen Nudelhölzchen (1 cm Durchmesser, 15 cm lang) die Doppelfladen auf einen Durchmesser von 15 cm ausrollen.

Eine beschichtete Pfanne ohne Fett erhitzen. Die Fladen einzeln in der Pfanne 1-2 Minuten backen, bis sie leicht braune Flecken bekommen, dann umwenden und die andere Seite auf die gleiche Weise backen. Sobald die Fladen Blasen werfen, sind sie fertig.

Aus der Pfanne heben und, sobald die Temperatur es erlaubt, mit den Fingern die beiden Fladenhälften wieder voneinander trennen. Jeder Fladen hat jetzt eine knusprige und eine weiche Seite. In einen großen, gewärmten Suppenteller geben und mit einem Tuch bedecken, damit die Pfannkuchen nicht auskühlen.

Man kann die Mandarin-Pfannkuchen so servieren oder sie noch im Bambusdämpfkorb oder im Dämpftopf 5-10 Minuten dämpfen. Sie werden dann noch etwas lockerer, dafür aber weniger knusprig.

Cho li woo pan

PFANNKUCHEN MIT DATTELPASTE

FÜR 4 PERSONEN

200 g getrocknete Datteln, entkernt
2 El Butter
3 El Zucker

Für die Pfannkuchen:
125 g Mehl
1 Ei
185 ml Wasser
1 kleine Prise Salz

Etwas verquirltes Eiweiß oder Wasser zum Bestreichen
Erdnuss- oder Maisöl zum Backen

Die Datteln in einem Topf mit Wasser knapp bedeckt bei mittlerer Hitze weich kochen. Herausnehmen und die Flüssigkeit aufbewahren. Datteln durch ein Sieb streichen, mit etwas Kochflüssigkeit zu einer festen Paste verrühren. Die Butter in einer beschichteten Pfanne zerlassen. Den Zucker zufügen und bei mittlerer Hitze leicht karamellisieren.
Für die Pfannkuchen das Mehl in eine Schüssel sieben, eine kleine Prise Salz dazugeben. In die Mitte eine Mulde drücken, das Ei zugeben und unter das Mehl rühren. Dann esslöffelweise Wasser zugeben, bis ein glatter Teig entstanden ist. Den Teig mindestens 15 Minuten ruhen lassen. Eine beschichtete Pfanne mithilfe eines Küchenpapiers mit 1–2 El Öl ausreiben und auf mittlerer Hitze erwärmen. Eine kleine Schöpfkelle voll Teig in die Pfanne geben und schwenken, so dass ein gleichmäßig dünner Teigfilm den Boden bedeckt. Wenn der Teig auf der Unterseite fest ist, aber noch nicht gebräunt, den Pfannkuchen wenden, und die andere Seite auf die gleiche Weise braten. Aus der Pfanne heben, auf einen gewärmten Teller geben und mit einem zweiten Teller bedecken. So weiter backen, bis der Teig aufgebraucht ist.
Dattelpaste und karamellisierten Zucker vermischen. Die Mischung auf dem mittleren Drittel des Pfannkuchens rechteckig verteilen, wobei zu den seitlichen Rändern etwa 2,5 cm frei bleiben müssen. Zuerst die untere Seite über die Füllung falten, dann die beiden Seitenteile und zum Schluss die obere Seite, die zuvor mit etwas Wasser oder Eiweiß eingepinselt wurde. Die obere Seite auf der Mitte festdrücken. Entweder gleich servieren, oder noch kurz in einer Pfanne mit Öl leicht bräunen.

Dou sha guo bing

PFANNKUCHEN MIT SÜSSER ROTE-BOHNEN-PASTE

FÜR 4 PERSONEN

---

1 großes Ei, verquirlt
5 El Mehl
4 El Wasser

4 El süße Rote-Bohnen-Paste [siehe Rezept S. 164]
Erdnuss- oder Maisöl zum Braten und Fetten

Für die Pfannkuchen Ei und Mehl zu einem Teig verrühren. Das Wasser nach und nach esslöffelweise zugeben und unterrühren, bis ein dünner Teig entstanden ist. Die Hälfte des Teigs in eine Tasse gießen.

Eine beschichtete Pfanne mithilfe eines Küchenpapiers mit 1-2 El Öl ausreiben und auf mittlerer Hitze erwärmen. Die eine Hälfte des Teigs in die Pfanne geben, an die Ränder verlaufen lassen und bei kleiner Hitze braten. Wenn der Teig auf der Unterseite fest ist, aber noch nicht gebräunt, den Pfannkuchen auf eine leicht geölte Platte geben. Dann die zweite Hälfte des Teigs auf gleiche Weise verarbeiten.

2 El süße Rote-Bohnen-Paste auf dem mittleren Drittel des Pfannkuchens rechteckig verteilen, wobei zu den seitlichen Rändern etwa 2,5 cm frei bleiben müssen. Zuerst die untere Seite über die Füllung falten, dann die beiden Seitenteile und zum Schluss die obere Seite, die zuvor mit etwas Wasser eingepinselt wurde. Die obere Seite auf der Mitte festdrücken. Dann den zweiten Pfannkuchen füllen.

Den Wok zur Hälfte mit Öl füllen und auf eine Temperatur von 180 °C erhitzen. Den Pfannkuchen in 3-4 Minuten frittieren. Hin und wieder mit einem Holzlöffel umdrehen, damit beide Seiten goldbraun werden, aber Vorsicht, dass sie nicht aufplatzen. Mit einem Schaumlöffel herausnehmen und kurz ruhen lassen. Den zweiten Pfannkuchen frittieren.

Vor dem Servieren beide Pfannkuchen nacheinander noch einmal im 180 °C heißen Öl für ein paar Sekunden erwärmen. Auf einer gewärmten Servierplatte anrichten und nach Belieben jeden Pfannkuchen in 4-6 Streifen schneiden. Sofort heiß servieren.

Ba bao fan

REISPUDDING

FÜR 4 PERSONEN

175 g weißer Klebereis
225 ml Wasser
3 getrocknete Datteln
1 El Mehl
130 g Rote-Bohnen-Paste aus der Dose
1 El Erdnuss- oder Maisöl
25 g Schweineschmalz
1½ El Zucker
1 glacierte Kirsche
9 Stückchen kandierte Orangenschale
18 Sultaninen

Für den Sirup:
125 ml Wasser
1 ½ El Zucker
1 Tl Maisstärke, aufgelöst in 1 El Wasser

Den Klebereis 3–4-mal waschen, bis das Wasser nicht mehr milchig ist. Trocknen und auf einen feuerfesten Teller geben. Das Wasser hinzufügen und im Wok oder dem Dämpftopf etwa 25 Minuten dämpfen.

Die Datteln in heißem Wasser 15 Minuten einweichen, dann aufbrechen, die Kerne entfernen und die Datteln halbieren.

Das Mehl zur Rote-Bohnen-Paste geben und gut vermischen. Den Wok oder eine beschichtete Bratpfanne leicht erhitzen, das Öl und die Bohnenpaste zugeben. Für 5 Minuten unter ständigem Rühren braten, damit nichts ansetzt. Die Paste aus der Pfanne heben und in einer Schale abkühlen lassen.

Eine feuerfeste Schüssel von etwa 1 Liter Fassungsvermögen mit etwas Schweineschmalz ausfetten, das restliche Schmalz und den Zucker unter den gekochten Reis mischen.

Auf dem Boden der Schüssel ein dekoratives Muster aus den getrockneten Früchten legen: Die Kirsche in die Mitte setzen, darum im Kreis die Orangenschalenstückchen. Mit den Sultaninen werden zwei sich in der Mitte kreuzende Linien gelegt, die Dattelhälften auf die Seiten verteilt.

Mit dem Reis den Boden und die Seiten der Schüssel auskleiden und vorsichtig festdrücken, möglichst ohne das gelegte Muster zu verletzen. Die Rote-Bohnen-Paste kommt auf die Reismasse in der Mitte, der restliche Raum wird mit der verbleibenden Reismasse aufgefüllt. Alles gut andrücken, damit keine Zwischenräume bleiben und die Außenseite fest und geschlossen ist. Es sollte noch mindestens ein Abstand von 2,5 cm zwischen dem Reis und dem oberen Schüsselrand bleiben, damit sich der Reis ausdehnen kann.

Die Schüssel in den Wok oder den Dämpftopf stellen und bei geschlossenem Deckel für 1¼ Stunden dämpfen. Falls nötig noch etwas kochendes Wasser in den Wok oder Dämpftopf nachgießen.

Etwa 15 Minuten vor Ende der Garzeit den Sirup herstellen. Dazu Wasser und Zucker in einer beschichteten Pfanne erhitzen und langsam zum Kochen bringen. Wenn sich der Zucker vollständig aufgelöst hat, die aufgelöste Maisstärke angießen und umrühren, während die Flüssigkeit andickt. Den Sirup in eine gewärmte Schüssel gießen.

Die Reisschüssel aus dem Wok oder Dämpftopf nehmen, den Pudding auf eine Servierplatte stürzen. Den Sirup über den Reispudding gießen und alles heiß servieren.

159

Xing re do fu

MANDELPUDDING-SCHNITTEN

FÜR 4 PERSONEN

750 ml Wasser
3 El pulverisiertes Agar-Agar
oder 4¹/₂ El pulverisierte Gelatine
125 g Zucker
185 ml Kondensmilch
1¹/₂ Tl Mandelextrakt
375 g entkernte Lychees
oder andere eingemachte Südfrüchte

Das Wasser in einem Topf zum Kochen bringen. Agar-Agar oder Gelatine einrühren. Die Hitze reduzieren und unter gelegentlichem Rühren 25 Minuten köcheln lassen. Erst den Zucker in der Flüssigkeit auflösen, dann den Topf vom Herd nehmen. Kondensmilch zufügen und gründlich verrühren. Den Mandelextrakt unterrühren.

Die Masse durch ein Sieb in eine flache Kuchenform aus Glas gießen. Im Kühlschrank mindestens eine Stunde auskühlen lassen, dann in rautenförmige Stückchen schneiden und auf Serviertellern anrichten.

Mit den gekühlten, eingemachten Südfrüchten servieren.

Tang liu ping guo

FRITTIERTE ÄPFEL MIT ZUCKER

FÜR 4 PERSONEN

250 g Äpfel, geschält, entkernt, in Würfel von
ca. 2 cm Kantenlänge geschnitten
250 g Kartoffelstärke
125 g Eiweiß, schaumig gerührt
15 g Mehl
500 ml Erdnussöl
100 g Zucker
Schwarzer Sesam

Die Apfelwürfel in Mehl wenden. Die Kartoffelstärke mit dem schaumig gerührten Eiweiß und etwas Mehl gründlich verrühren.

Die Apfelwürfel unter die Stärke-Eiweiß-Masse rühren.

Das Öl im Wok auf 180 °C erhitzen. Die Apfelwürfel ins heiße Öl geben und goldbraun ausbacken. Mit einem Stäbchen verhindern, dass mehrere Würfel aneinander kleben. Die Würfel gegebenenfalls mit dem Stäbchen wenden, damit alles gleichmäßig braun wird. Die Äpfel auf Küchenpapier entfetten.

Bis auf 1 El das Öl aus dem Wok abgießen (Vorsicht! Verbrennungsgefahr!) und wieder leicht erhitzen. Den Zucker unter ständigem Rühren leicht karamellisieren. Die Äpfel kurz in den Zucker rühren, den schwarzen Sesam darüber streuen und heiß servieren.

161

Soßen, Dips und Pasten

Soßen, Dips und Pasten

Obwohl chinesische Gerichte nicht gerade arm an schmackhaften Soßen sind, so gibt es für den Fall, dass ein Gericht einmal ohne Soße gekocht wird, z.B. Peking-Ente oder Klößchen, eine Fülle an würzigen Soßen und Pasten, die man entweder fertig im China-Laden kaufen, oder eben auch selbst herstellen kann. Das geht ganz einfach und schmeckt am besten. Die Soßen werden in kleine Servierschälchen gefüllt, und jeder tunkt seine Bissen nach Belieben ein. Am besten hält man immer mehrere verschiedene Soßen bereit, je nach Geschmack und Gericht.

163

Tian mian jiang

SÜSSE ROTE-BOHNEN-PASTE

FÜR 250 g

75 g getrocknete rote Bohnen
250 ml kaltes Wasser
50 g Zucker
40 ml Erdnussöl

Die Bohnen waschen und in reichlich Wasser über Nacht einweichen.

Das Einweichwasser abgießen. Die Bohnen in einer Pfanne mit 250 ml kaltem Wasser aufsetzen und zum Kochen bringen. Die Bohnen 1–2 Stunden köcheln lassen, bis sie weich gekocht sind. Abkühlen lassen.

Die Bohnen durch ein feines Küchensieb passieren. Mit Zucker und Öl in einer beschichteten Pfanne 30 Minuten bei mittlerer Hitze köcheln lassen. Immer wieder umrühren, damit nichts ansetzt. Zur weiteren Verwendung abkühlen lassen.

Li zi zhe

PFLAUMENSOSSE

FÜR 350 g

350 g feine Pflaumenmarmelade
2 El Weinessig
1 El brauner Zucker
1 El Zwiebeln, fein gehackt
1 Tl Ingwer, fein gehackt
2 getrocknete Peperoncini, fein gehackt
1 Knoblauchzehe, fein gehackt

Alle Zutaten in einer beschichteten Pfanne unter ständigem Rühren aufkochen und einige Minuten köcheln lassen.

Abkühlen lassen, in ein verschließbares Gefäß geben und im Kühlschrank aufbewahren. Die Pflaumensoße ist einige Tage im Kühlschrank haltbar.

Suan tian jiang

SÜSS-SAURE SOSSE

FÜR 250 g

80 ml Weißweinessig
100 g brauner Zucker
4 El Tomatenmark
190 ml Wasser
2 gestr. El Maisstärke,
mit 5 El Wasser glatt gerührt
Salz zum Abschmecken
1 El Erdnussöl

Essig, Zucker, Tomatenmark und Wasser gut vermischen. In einem kleinen Topf zum Kochen bringen. Die gut angerührte Maisstärke einrühren, mit Salz abschmecken. Durchkochen und etwas eindicken lassen. Zum Schluss vom Feuer ziehen und das Erdnussöl untermischen

Ya jiang

ENTENSOSSE

FÜR CA. 1 LITER

3 große Pfirsiche
9 große Pflaumen
200 g rote Paprikaschoten, entkernt, klein gewürfelt
200 g getrocknete Aprikosen, grob gehackt
100 g brauner Zucker
150 g Zucker
160 ml Weißweinessig
2 Tl kandierter Ingwer,
klein gehackt (nach Geschmack)

Pfirsiche und Pflaumen kurz in kochendem Wasser blanchieren, herausnehmen, mit kaltem Wasser abschrecken und die Haut abziehen.
Die Pflaumen vierteln, die Pfirsiche achteln.
Alle Zutaten in einem großen Topf zum Kochen bringen und anschließend bei niedriger Temperatur $\frac{1}{2}$ Stunde köcheln lassen. Immer wieder umrühren.
Die Masse durch die „Flotte Lotte" oder ein Sieb treiben, abkühlen lassen und in ein luftdichtes Gefäß füllen. Im Kühlschrank einige Tage haltbar.

La hua shen jiang

SCHARFE ERDNUSSSOSSE

FÜR 100 g

---

1 El Maisöl

3 Knoblauchzehen, fein gehackt

2 kleine getrocknete Chilischoten, zerbröselt

1/2 Tl Tomatenmark

3 El feine Erdnussbutter

3 El Hoisinsoße

½ Tl Zucker

190 ml Wasser

In einer kleinen Pfanne das Öl leicht erhitzen. Den Knoblauch und die Chilischoten bei milder Hitze braten, bis der Knoblauch zu bräunen beginnt. Tomatenmark, Erdnussbutter, Hoisinsoße, Zucker und Wasser zugeben und zum Kochen bringen. Dann die Hitze reduzieren und noch 1 Minute köcheln lassen, bis die Soße eindickt. Gekühlt hält die scharfe Erdnusssoße 3 Tage.

Zhi ma jiang

SESAMSOSSE

FÜR 100 g

---

2 Tl Sesamsamen

4 El feine Erdnussbutter

2 El Sesamöl

2 El dünne Sojasoße

1 El Sherry, Medium Dry

2 Tl Weißweinessig

2 Tl Zucker

2 Tl Honig

1 Knoblauchzehe, durchgepresst

1 Tl frische Ingwerwurzel, fein gerieben

ca. 2 El schwarzer Tee

Wenn es scharf sein darf:

½ Tl Chiliöl

Die Sesamsamen bei kleiner Hitze in einer beschichteten Pfanne anrösten. Die Pfanne dabei gut schütteln, damit nichts anbrennt. Wenn die Sesamsamen leicht gebräunt sind, aus der Pfanne nehmen und im Mörser oder einer Gewürzmühle fein mahlen.

Die Erdnussbutter mit Sesamöl, Sojasoße, Sherry, Essig, Zucker, Honig, Knoblauch und Ingwer zu einer Paste verrühren. Mit dem Tee noch etwas geschmeidiger rühren. Wenn man die Sesamsoße etwas schärfer mag, gibt man nach Belieben noch Chiliöl dazu.

Diese Soße passt auch hervorragend zu chinesischen Eiernudeln.

La jiao you

SCHARFES CHILIÖL

FÜR 350 ml

24 getrocknete kleine Chilischoten (Peperoncini)
oder 12 größere (7 cm lang)
250 ml Erdnuss- oder Maisöl

Die getrockneten Chilischoten halbieren und die Kerne herauskratzen. Die Schoten in feine Flöckchen hacken und in ein gut verschließbares, hitzebeständiges Glas, oder eine Flasche von gut 1 Liter Fassungsvermögen füllen.
Das Öl in einer Pfanne erhitzen, bis es raucht, dann sofort vom Feuer nehmen. Für 3-4 Minuten abkühlen lassen. Das Öl in das Glas zu den Chiliflocken gießen. Das Öl ist an einem kühlen Ort einige Monate haltbar.

Hua jiao you

PFEFFERÖL

FÜR 50 ml

1 Tl Pfefferkörner
50 ml Erdnussöl

Erdnussöl im Wok nicht zu stark erhitzen. Die Pfefferkörner 2 Minuten anbraten, den Wok vom Feuer nehmen, die Pfefferkörner aus dem Öl heben und wegwerfen. In ein verschließbares Glas füllen und bei Zimmertemperatur abkühlen lassen.

Register

Register

A

Äpfel mit Zucker, frittiert 160
Aubergine mit Morcheln 123
Aubergine mit Sesamsoße 33
Auberginen mit Hackfleisch 114

B

Bambus, gebraten mit Krabben und
Schweinefleisch 110
Blumenkohl, frittiert 119
Brathähnchen in Sojasoße 99
Braune Nudeln mit Schweinefleisch 146

C

Chinakohl, gebraten mit getrockneten
Krabben 113
Chinakohl, frittiert 47

E

Entensoße 165

F

Feine Hühnerbrühe 50
Fischfilet süß-sauer 69
Frittierte Äpfel mit Zucker 160
Frittierte Kokosnussschnitten 42
Frittierte Sesambällchen 37
Frittierter Blumenkohl 119
Frittierter Chinakohl 47
Frühlingsrolle 40
Frühlingszwiebelkuchen 128

G

Garnelen mit Gurken und Baumpilzen 78
Gebratene Hühnchenleber 101
Gebratene Krabben in Tomatensoße 75
Gebratene Mehlklößchen mit Pilzen 124
Gebratene Sojasprossen 126
Gebratener Bambus mit Krabben und
Schweinefleisch 110

Gebratener Chinakohl mit getrockneten
Krabben 113
Gebratener Reis 132
Gebratener Reis mit Krabben, Schinken
& Erbsen 133
Gebratener Reis mit Rindfleisch 135
Gebratener Tintenfisch nach Sezuan-Art . . . 76
Gebratener Tofu mit Frühlingszwiebeln . . . 127
Gebratenes Hähnchenfleisch mit
Zuckerschoten 96
Gebratenes Heilbutt-Filet 68
Gebratenes Mischgemüse 120
Gebratenes Rinderfilet mit Mango 85
Gedämpfte Forelle mit schwarzen Bohnen
und Knoblauch 71
Gefüllte Hefeklöße aus Nordchina 140
Gegrillte Schälrippchen 35
Gegrilltes Honigschweinefleisch aus Kanton 92
Gemüsecurry 121
Geschnetzeltes vom Lammfilet mit
Frühlingszwiebeln 84
Glasierte Schweinshaxe mit Ingwer 95
Grundrezept Langkornreis 132
Grüne Bohnen mit breiten Bandnudeln . . . 148
Gurken mit Erdnüssen 35

H

Hähnchen & Krabben mit Zuckerschoten . 100
Hähnchenbrust auf Gurkensalat 32
Hähnchenfleisch, gebraten mit
Zuckerschoten 96
Hähnchenstreifen in
Schwarze-Bohnen-Soße 97
Heilbutt-Filet, gebraten 68
Heilbuttbrühe mit Tofu und
Schweinefleisch 59
Huhn in Salatblättern 44
Huhn mit Erdnüssen 102
Hühnchen im Yunnan-Dampftopf 56
Hühnchenleber, gebraten 101

I

Ingwer-Suppe mit Morcheln und
Schweinefleisch 61

K

Karotten mit Schweinefleisch 111
Karotten, Kartoffeln, Paprika
& Champignons 122
Karpfen in Mandarinensoße 73
Karpfen süß-sauer 70
Karpfensuppe mit Rettich 60
Knusprige Ente aus Sezuan 104
Knusprige Krabben-Bällchen 39
Knusprige Nudeln mit Gemüse 149
Kokosnussschnitten, frittiert 42
Krabben, gebraten in Tomatensoße 75
Krautsalat mit Ingwer 118
Kürbis gefüllt mit Lammhackfleisch 111

L

Lotusblätter-Klößchen 144

M

Maissuppe mit Eierflöckchen 52
Mandarin-Pfannkuchen 154
Mandelpudding-Schnitten 160
Mehlklößchen 145
Mehlklößchen, gebraten mit Pilzen . . . 124
Mongolischer Feuertopf (Lammfondue) . . 82

N

Nudeln mit Ingwer und Frühlingszwiebeln . 147
Nudeltäschchen aus Nordchina 142

P

Paprika mit Schweinefleischfüllung 112
Pekingente 106
Pfannkuchen mit Dattelpaste 155
Pfannkuchen mit süßer
Rote-Bohnen-Paste 157
Pfefferöl 167
Pflaumensoße 164

R

Reis, gebraten 132
Reis, gebraten mit Krabben, Schinken
& Erbsen 133
Reis, gebraten mit Rindfleisch 135
Reis mit Huhn und Shiitake-Pilzen 136
Reispudding 158
Rettich-Kuchen 38
Rinderragout mit Knoblauch 86
Rindfleisch mit grünem Paprika und
Schwarze-Bohnen-Soße 89
Rindfleisch mit Mandarinensoße 88

S

Sautierte Makrele 66
Scharfe Erdnusssoße 166
Scharfes Chiliöl 167
Scharf-saure Suppe mit Schwein und Tofu . . 55
Scholle in Weinsoße 72
Schweinefleisch 90/91
Schweinefleischklößchen 36
Schweinefleischklößchensuppe
mit Chinakohl 51
Schweinefleisch-Reis-Bällchen 46
Schweinehackfleisch mit Glasnudeln 94
Seetang-Rettich-Salat 119
Sellerie mit Krabben 33
Sesambällchen, frittiert 37
Sesamsoße 166
Spinat mit Glasnudeln 34
Spinat mit Tofu 126
Süße Rote-Bohnen-Paste 164
Süß-saure Soße 165

T

Tofu-Erbsen-Suppe 58

W

Wantan-Suppe 53

Y

Yin-Yang-Reis 138

Das Schwedische Kochbuch

ALEXANDER TÄNNDALEN

PETRA KNORR

KOMET

DAS TÜRKISCHE KOCHBUCH
NEVIN HALICI

KOMET

Das polnische Kochbuch

Petra Knorr

KOMET

das jüdische kochbuch

Petra Knorr

KOMET

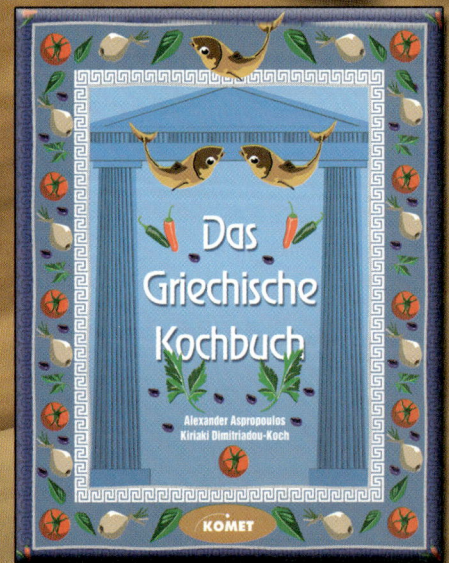

Das Griechische Kochbuch

Alexander Aspropoulos
Kiriaki Dimitriadou-Koch

KOMET

Lär

be